Gertrud und Joachim Steiger

111 Orte
im Kraichgau,
die man gesehen
haben muss

AF178502

emons:

Bibliografische Information der Deutschen Nationalbibliothek
Die Deutsche Nationalbibliothek verzeichnet diese Publikation
in der Deutschen Nationalbibliografie; detaillierte bibliografische
Daten sind im Internet über http://dnb.d-nb.de abrufbar.

© Hermann-Josef Emons Verlag
Alle Rechte vorbehalten
© alle Fotografien: Gertrud und Joachim Steiger
Gestaltung: Eva Kraskes, nach einem Konzept
von Lübbeke | Naumann | Thoben
Kartografie: altancicek.design, www.altancicek.de
Kartenbasisinformationen aus Openstreetmap,
© OpenStreetMap-Mitwirkende, ODbL
Druck und Bindung: B.O.S.S Druck und Medien GmbH, Goch
Printed in Germany 2013
ISBN 978-3-95451-232-4
Originalausgabe

Unser Newsletter informiert Sie
regelmäßig über Neues von emons:
Kostenlos bestellen unter
www.emons-verlag.de

Vorwort

Dieses Mal, so dachten wir anfänglich erfreut, hat es der Verleger aber gut gemeint. Hatte er uns ja beim ersten »111 Orte«-Band mit dem Odenwald, dem Spessart und der Bergstraße gleich drei Regionen aufs Auge gedrückt, so hieß es dieses Mal freundlich: »Ihr bekommt den Kraichgau, das ist am logischsten, denn diese Region schließt sich im Süden gleich an euren Odenwald an.«

Wunderbar, so unsere erste Reaktion, nur eine Region, das können wir entspannt angehen. Doch bei genauerem Hinsehen bemerkten wir, dass der liebe Verleger, der Schelm, uns mit dem Kraichgau wieder ein nettes Ei gelegt hatte. Denn den Kraichgau vorzustellen bedeutet gleichzeitig, auf seine Nachbarregionen Stromberg und Heuchelberg nicht verzichten zu können. Ebenso muss ein Gebiet wie der Zabergäu und die Region südlich von Heilbronn in dieses Bild mit hineingenommen werden. Denn es ist mal wieder so, dass sich auch für den Kraichgau keine festgeklopften Grenzen ziehen lassen – bei fünf Nachfragen, wo die Region denn genau beginnt und wo sie definitiv endet, handelt man sich fünf verschiedene Antworten ein.

Wir haben uns deshalb für die »Quader«-Lösung entschieden – soll heißen, wir begrenzen das Gebiet Kraichgau-Stromberg-Heuchelberg nebst den Sondergäuen in den Linien, die die Bundesautobahnen A 5, A 6, A 8 und A 81 in etwa vorgeben. So öffnet das Städtchen Wiesloch im Nordwesten das Gebiet, um im Südwesten bei Karlsruhe auszulaufen, im Nordosten ist Heilbronn der Anfang, und mit Bietigheim-Bissingen ist fast das Ende gefunden. Dazwischen und daneben hüpfen wir ein wenig über die Autobahnen drüber und nehmen noch, unter anderem, die bemerkenswerte Stadt Pforzheim mit und schließen so mit unserem »Quader« die Lücke zwischen ausgehendem Odenwald und beginnendem Schwarzwald.

Wie wir das Buch haben schreiben können? Da kann man nur mit Theodor Heuss, dem großen Sohn der Region, antworten: »Mit einigen Viertele Trollinger!«

111 Orte

1 Das Hecker-Geburtshaus

»Wenn die Leute fragen: Lebt der Hecker noch?«

Es ist Februar 1848. Die Einwohner von Paris haben ihren König zum Teufel gejagt. Es dauert nicht lange, bis diese Nachricht über den Rhein schwappt, und die Revolution bricht auch dort aus – zuerst in Baden, dann in ganz Deutschland. Überall in deutschen Landen protestieren die Untertanen gegen ihre Fürsten, sie fordern Pressefreiheit und Bürgerrechte. Denn das Hauptproblem des anfänglichen 19. Jahrhunderts war die, und hier sprechen nun Marx und Engels, »Verelendung der Massen«, und damit meinten sie nicht nur die – jeden Tag spürbare und Hunger verursachende – Verarmung der Menschen, sondern auch die zunehmende Rechtlosigkeit, der sich der Einzelne ausgesetzt sah.

Friedrich Hecker, geboren am 28. November 1811 in Eichtersheim und seit 1842 Mitglied des badischen Parlaments, wollte genau dort die Thesen der Revolutionäre durchbringen – und scheiterte natürlich. Dieses Scheitern wollten viele Gleichgesinnte nicht akzeptieren und organisierten den »Heckerzug«. Doch auch hier gelang Hecker und seinesgleichen nur ein grandioser Fehlschlag. Allein auf sich gestellt waren sie den Truppen des Bundes chancenlos unterlegen. Hecker und andere »48er« mussten fliehen – zuerst in die nahe Schweiz, dann in die USA.

»Seht, da steht der große Hecker, eine Feder auf dem Hut, seht, da steht der Volkserwecker, lechzend nach Tyrannenblut …« Dieses Guckkastenlied ist eines von vielen Revolutionsliedern, die in jenen Tagen auf Hecker und seine revolutionäre Mannschaft gedichtet wurden. Der Eichtersheimer, so etwas wie der Nestor der Revolution, kehrte 1849 nochmals aus dem Exil zurück, darauf hoffend, den badischen Großherzog doch noch vertreiben zu können. Aber auch hier erlitt Friedrich Hecker Schiffbruch – die Republik wurde wieder nicht ausgerufen. Enttäuscht verließ er seine Heimat und ging für immer in die USA. Er starb, verehrt und unvergessen, im Jahr 1881.

Adresse Friedrich-Hecker-Straße, 74918 Angelbachtal-Eichersheim | **Pkw** von der B 292 in die Friedrich-Hecker-Straße einbiegen, sofort links liegt dann das Geburtshaus | **Tipp** Gleich neben Heckers Geburtshaus: die Gedenktafel für Friedrich Ratzel, Zoologe und Geograf, an der Alten Schloßapotheke in Eichersheim, Friedrich-Hecker-Straße 7.

2 Das Wasserschloss und der Skulpturenpark

Das Ku(h)riosum ist dabei

Bevor wir zum Schlosspark in Eichtersheim kommen, ist ein Abstecher nach Bietigheim-Bissingen unumgänglich. Denn die Wellen schlugen dort gewaltig hoch, als am 10. Oktober 1987 eine Brunnenplastik des landesweit bekannten Künstlers Professor Jürgen Goertz enthüllt wurde. Was für den einen große Kunst war, war dem anderen nur ein Dorn im Auge. Heute haben sich die Gemüter beruhigt. Im Gegenteil, kaum jemand nimmt mehr Anstoß an der Kuh, sie ist akzeptiert und sie gibt der Stadt eine zusätzliche Aufmerksamkeit. Eine Kopie des »Ku(h)riosums« findet man auch im Schlosspark zu Eichtersheim. Hier lebt und arbeitet Professor Goertz, und im Park stehen etliche seiner Skulpturen. Nicht jeder mag mit allen Figuren gedanklich d'accord gehen, ein Spaziergang durch den Park ist aber dennoch immer wieder inspirierend. Doch nicht nur die Goertz'schen Elemente sind in dem gut sieben Hektar großen Park ein Hingucker. Auch das Wasserschloss von 1596 ist ein Bauwerk von beachtlicher Schönheit. Umgebaut und erweitert wurde das Schloss 1767 von Karl Philipp von Venningen, einem Herren aus dem Reichsadelsstand. Karl Philipp war übrigens im Kraichgau auch noch in Zuzenhausen vertreten – dort kaufte er Schloss Agnestal – außerdem erbaute er das Schloss in Eschelbronn und auch das Schlösschen Weiler bei Sinsheim. Die Freiherren von Venningen samt ihren Familien haben über Jahrhunderte in Eichtersheim gelebt, erst 1963 war Schluss, und das Wasserschlösschen wäre wohl dem Verfall preisgegeben gewesen, wenn nicht die Gemeinde von 1978 bis 1980 das Gebäude hervorragend restauriert hätte. Heute befinden sich die Gemeindeverwaltung sowie eine Polizeistation im Haus, und somit ist das Schloss zu deren Dienstzeiten begehbar. Steigen Sie einmal die Innentreppe hoch – Sie werden das Knarzen der Jahrhunderte deutlich zu hören bekommen.

Adresse Schloßstraße 1, 74918 Angelbachtal-Eichtersheim | **Pkw** von der B 292 in die Friedrich-Hecker-Straße einbiegen, gleich rechts ist der Eingang zum Schlosspark | **Öffnungszeiten** zu den Dienstzeiten des Rathauses | **Tipp** Das Heimatmuseum, Obergrombacher Straße 32, 76646 Bruchsal-Untergrombach, geöffnet jeden 1. Sonntag im Monat 14–16 Uhr. Engagierte Bürger bewahren das Andenken an den Freiheitskämpfer Joß Fritz.

3 Der Kurpark und das Gradierwerk

Da steht sie nu, die Salinenkuh!

Dort, wo im Jahr 1822 der Salineninspektor Georg Christian Heinrich Rosentritt die erste Bohrung niederlegte, steht sie: die Salinenkuh. Wer nun annimmt, es handele sich hierbei um einen Heu fressenden, Salz lutschenden Wiederkäuer, liegt vollkommen falsch. »Salinenkuh« ist der etwas despektierliche Name eines historischen Tretrades zur Salzgewinnung. Dieses Tretrad steht genau an der Stelle des ersten Bohrloches des Herrn Rosentritt. Man benutzte das Rad, um das Bohrgestänge in die Tiefe zu befördern und zur Reinigung der Bohrlöcher. Der Antrieb mutet archaisch an. Bis zu sechzehn Männer traten abwechselnd auf den Radkranz, durch Kraftübertragung auf die Tretachse konnte das Bohrgestänge, das deutlich über eine Tonne wog, heruntergelassen oder heraufgezogen werden. Um das alles in einem Arbeitsgang zu bewerkstelligen, mussten die Radtreter etwa zwei Kilometer auf dem Radkranz zurücklegen.

Bedenkt man, dass die Salzkonzentration des Meeres bei etwa dreieinhalb Prozent liegt, zieht man den Hut vor der Rappenauer »Natrium-Chlorid-Sole«: starke 27 Prozent. In geringer Konzentration gelangt das Salzwasser unter anderem in das Solebad von Bad Rappenau. Unwahrscheinlich wohltuend der Totes-Meer-Effekt: einfach auf das Wasser legen, untergehen geht nicht, und die Entlastung für Rücken und Wirbelsäule spüren – wunderbar!

Das zur Landesgartenschau 2008 neu gebaute Gradierwerk liegt an einem der Eingänge in den weitläufigen Kurpark von Bad Rappenau. Dazu gehört auch der Salinenpark auf dem Gelände der ehemaligen Rappenauer Salzfabrikation. Ganz in der Nähe unserer »Salinenkuh« findet man den »Besinnungspfad«, einen Rundweg von etwa vier Kilometern mit 15 Stationen zum Innehalten und Atemholen. Ein Thema ist unter anderem: »Der Lebensbaum – es wachsen uns Wurzeln, und wir strecken uns dem Himmel entgegen«.

Adresse Weinbrennerstraße, 74906 Bad Rappenau | **Pkw** auf der A 6 die Ausfahrt 35 Bad Rappenau nehmen und der Ausschilderung Bad Rappenau folgen. Dann links zum Kurgebiet abbiegen, dort in der Kurve rechts in die Weinbrennerstraße einbiegen | **Tipp** Die Abteilung Gewichtheben des TSV Bad Rappenau-Heinsheim. Zwar ein Nischensport, aber mit hochinteressanten Wettkämpfen. Infos unter http://gewichtheben.tsv-heinsheim.de.

4 Der Söldnerbrunnen

Treffen bei Mingolsheim

Dass so mancher Chronist über die Ereignisse, die sich während des Dreißigjährigen Krieges ereigneten, absolut schockiert war, beweist die Tatsache, dass die Historienbewahrer manche dieser Vorkommnisse nur in einem Diminutiv ausdrücken und beschreiben konnten. So sprechen einige Quellen, die vom 27. April 1622 berichten, nur allgemein von einem »Treffen« bei Mingolsheim und beginnen dann sehr verhalten über den folgenschweren Zusammenstoß des Hauptheeres der katholischen Liga unter dem berühmten Heerführer Johann Tserclaes Graf von Tilly und seines protestantischen Gegners Ernst Graf von Mansfeld zu erzählen.

»Gott helfe denen, wo Mansfeld hinkommt!« Dieses Gebet gen Himmel war während der ersten Jahre des großen Krieges, der von 1618 bis 1648 dauerte, ein geflügeltes Wort bei den unter den Kriegsfolgen leidenden Zivilisten, aber auch unter den Soldaten, denn Graf Mansfeld galt als äußerst durchsetzungsstark und skrupellos. Diese Skrupellosigkeit stellte er im April 1622 wieder unter Beweis. Angetreten, um die Truppen der Ligisten unter Tilly daran zu hindern, sich mit den spanischen Verbänden unter dem Feldherrn Cordova zu vereinigen, brannte er das Dörfchen Mingolsheim komplett nieder. Tilly, bis dato mit dem Nimbus der Unbesiegbarkeit behaftet, verfolgte weiterhin seine Vereinigungspläne und wurde von Mansfeld gestoppt. Nach der »Schlacht bei Mingolsheim«, ein »Treffen« war es wohl mitnichten, zählte Tilly, der selbst leicht verwundet wurde, um die 2.000 tote Männer – die Zahl der Verwundeten ist nicht überliefert.

Die beiden berühmten Heerführer Mansfeld und Tilly, die nichts anderes kannten als Zerstörung, Krieg und Tod, überlebten die Mingolsheimer Ereignisse um vier beziehungsweise zehn Jahre. Mansfeld starb 1626, in volle Rüstung gekleidet, an einem Blutsturz. Tilly verschied 1632, nachdem ihm eine Kugel während der Schlacht bei Rain am Lech ein Bein zerschmettert hatte, am Wundstarrkrampf.

Adresse Glöckelsberg, 76669 Bad Schönborn-Mingolsheim | **Pkw** von der B 3 in die Hammerstadtstraße, dann links einbiegen zum Glöckelsberg | **Tipp** Die Posidonien-Schiefergrube, Zeutener Straße, ist ein beeindruckendes Naturdenkmal und eine kleine Insel der Ruhe.

5 — Die Sankt-Lambertus-Kirche

Die Herren Geronimo, Eskiminzin und Chato

Der Apachenhäuptling Geronimo war 14 Jahre älter als der Müllers Sohn Albert Sieber aus Mingolsheim. Das allein wäre noch keine weitere Erwähnung wert. Spannender wird es schon, wenn man erfährt, dass dieser Albert Sieber der berühmte Kundschafter, Dolmetscher und Uniformträger der 1. Minnesota Infantry Company, Al Sieber, war.

Albert Sieber und seiner Familie erging es wie so vielen in den ersten Jahrzehnten des 19. Jahrhunderts. Der Vater und Ernährer verstarb früh, die Perspektiven der Witwe Sieber, einer Mutter von 14 Kindern, waren äußerst trostlos. Was blieb, war nur die Auswanderung in das Land der unbegrenzten Möglichkeiten. Der erste Sohn der Siebers war 20 Jahre älter als »Al«, und er war Teilnehmer an der badischen Revolution von 1848. Wie das Gros seiner Kameraden musste er, nachdem der Aufstand fehlgeschlagen war, das Land verlassen und ging in die USA. So konnte er 1849 seine Familie über den großen Teich holen, und speziell Albert wurde zu einem großen Patrioten seiner neuen Heimat. Er trat in die Armee der Nordstaaten ein, und im Amerikanischen Sezessionskrieg von 1861 bis 1865 war er an fast allen der großen Schlachten dieses wahnsinnigen Gemetzels – auf beiden Seiten verlor über eine halbe Million Menschen ihr Leben – beteiligt. Sieber wurde mehrere Male verwundet, überlebte aber unter anderem auch das Inferno von Gettysburg.

Nach Kriegsende machte er die Fähigkeiten, nämlich Spurenlesen und das Überleben in freier Wildnis, zu seinem Beruf. Angestellt wiederum bei der Armee, wurde er einer der führenden Kundschafter. Bei dieser Tätigkeit kam es auch zu Begegnungen mit so legendären Indianerführern wie Geronimo oder Chochises Sohn Naiche und anderen.

So trafen sich die Lebenswege des in der Mingolsheimer Kirche Sankt Lambertus getauften Albert Sieber und des Häuptlings der Apachen. Hough!

ECCE AGNUS DEI

Adresse Falltorstraße, Ecke Friedrichstraße, 76669 Bad Schönborn-Mingolsheim | **Pkw** von der B 292 in die Waldparkstraße einbiegen (K 3522), anschließend links in die Falltorstraße fahren | **Öffnungszeiten** täglich 9–18.30 Uhr | **Tipp** Der Cäcilienverein St. Lambertus, ein kirchenmusikalischer Verein von hoher Reputation, bietet ein beeindruckendes Repertoire: von Schubert über Mozart und Haydn zu Bruckner.

6__Die Altstadt

Von Blauen und Roten Türmen

Wenn der Besucher das Hohenstaufentor durchschreitet, durchfährt es ihn wie vom Blitz getroffen. Bad Wimpfens Altstadt ist ein Gesamtkunstwerk. Eines dieser historischen, wundervoll renovierten Fachwerkhäuser als Höhepunkt zu loben bedeutet, 20 andere zu vernachlässigen. Lobt man das »Bürgermeister-Elsässer-Haus« in der Oberen Turmgasse ob seines großen mittelalterlichen Erkers, hieße das, dass man das ehemalige jüdische Bethaus in der Schwibbogengasse 5 hintansetzen würde. Huldigt man dem Blauen Turm, dem Wahrzeichen Wimpfens, mit seinem beeindruckenden Aborterker, hieße das, dass man den Roten Turm (ebenfalls ausgestattet mit einer ansehnlichen Anlage für das alltägliche Verrichten) benachteiligen würde. Auch die mächtige Architektur des »Riesenhauses« in der Langgasse, das von der einflussreichen, äußerst wohlhabenden Familie Koberer kündet, kann nicht erwähnt werden, wenn man nicht in der gleichen Zeile vom einem der schmalsten Fachwerkhäuser Deutschlands schreiben würde, dem »Bügeleisenhaus« in der Badgasse 10.

Dass dies alles so prächtig, so ansehnlich, so erhaben dasteht, ist ein Wunder. Denn nach dem Dreißigjährigen Krieg (1618–1648) war Wimpfen völlig zerstört, ausgebrannt und total verarmt. Die »Schlacht zu Wimpfen« 1622 gehört zu den härtesten Auseinandersetzungen in der Anfangsphase des großen Krieges. Eine Plakette am Marktplatz von Bad Wimpfen kündet von der Anwesenheit des großen Feldherrn und Zerstörers Tilly.

Ein weiterer ungewöhnlicher Bau, ein weiteres architektonisches Highlight ist der Bahnhof der Stadt. Etwas außerhalb gelegen, aber von der Altstadt aus ohne Weiteres zu Fuß erreichbar, ist er der einzige im neugotischen Baustil gehaltene Bahnhof in ganz Süddeutschland. Man kann es also drehen und wenden, wie man will – *ein* Ausflugstag reicht mitnichten für die alte Stauferstadt und das Soleheilbad Bad Wimpfen.

Adresse 74206 Bad Wimpfen | **Pkw** Von der B 27 Richtung Bad Wimpfen fahren, am Ende der Straße rechts abbiegen, dann liegt rechts der Bahnhofsparkplatz. Von da aus laufen Sie gleich rechts über die Hauptstraße in die Altstadt. | **Öffnungszeiten** jeden Sonntag und an den Feiertagen finden Führungen ohne Voranmeldung statt, nähere Informationen und Gruppenführungen unter www.badwimpfen.de | **Tipp** Das kultige Mineralfreibad am Neckar, Am Winterberg, 74206 Bad Wimpfen. Man fühlt sich zurückversetzt in die eigene Jugend der 1950er und 1960er Jahre.

7__ Vom Skulpturenpfad zum Mineralbad

Der schönste Weinort Deutschlands

Auf der Stauferstele, in unmittelbarer Nähe des weithin sichtbaren Schochenturms, ist es in Stein gemeißelt: »Barbarossa aus dem Hause Hohenstaufen schenkt am 12. Juli 1153 dem Markgrafen Hermann III. von Baden aus dem Hause Zähringen den Herrenhof Besigheim.« Demnach war dann das Jahr 2003 das Jubiläumsjahr für »850 Jahre Besigheim«, und da 850 Jahre ja kein x-beliebiges Jubeljahr ist, hat man sich auch etwas Besonderes einfallen lassen. Künstler aus der Region und darüber hinaus waren aufgefordert, einen Skulpturenpfad quer durch die Stadt anzulegen, und das Ergebnis erstaunt noch heute. War Besigheim so um 1900 schon als die »Malerstadt« bekannt, verteidigt sie diesen Titel als Zentrum der Kunst mit dem Pfad der Skulpturen nun eindrucksvoll.

Doch nicht nur als eine Art Hauptstadt der Kunst darf sich Besigheim fühlen, nein, auch als »schönster Weinort in Deutschland« darf sich das Städtchen apostrophieren. Da hängt ein großes Banner mit diesem Titel selbstbewusst gleich am Stadteingang. Doch was wie ein gelungener Werbegag der Damen und Herren vom Stadtmarketing aussieht, stellt sich beim näheren Hinsehen etwas anders dar. Den Titel »schönster Weinort« haben sich die Besigheimer durch eine ehrliche und demokratische Wahl erworben. Der Mitteldeutsche Rundfunk hatte 2010 abstimmen lassen, und Besigheim ging als strahlender Sieger hervor.

Nichts gegen Wein, Weib, Gesang oder Kunst – doch ein wenig Sport muss halt auch mal sein. Dafür eignet sich nun das Mineral-Parkfreibad der Stadt mit einem spektakulär frischen Wasser ungemein. Mit seinem weitläufigen Angebot von Liegewiesen und Wasserspielen ist es eine Oase der Erholung, hier ein paar Bahnen zu drehen, ist der Gesundheit ausgesprochen förderlich und auch dem absoluten Sportverweigerer unbedingt zu empfehlen.

FRIEDRICH
SOHN VON
HERMANN VI.
MARKGRAF
VON BADEN
UND HERZOG
VON
ÖSTERREICH
† 1250

HINGERICHTET
GEMEINSAM MIT
·DEM LETZTEN STAUFER·
KONRADIN
KÖNIG
VON JERUSALEM
UND SIZILIEN
HERZOG
VON SCHWABEN
AUF DEM MARKTPLATZ
VON NEAPEL
AM 29 OKTOBER 1268

Adresse 74354 Besigheim | **Pkw** über die L 1115 und die Löchgauer Straße zum Bahnhof Besigheim, dort parken und über die Weinstraße in die Bahnhofstraße gehen, an deren Ende beginnt der Skulpturenpfad | **Tipp** Die Hessigheimer Felsengärten, Am Felsengarten, 74394 Hessigheim. Die »schwäbischen Dolomiten« sind ein Kletterparadies oder einfach nur eine Augenweide.

8 Das Flößerdenkmal

Von der Enz bis hin zu den Niederlanden

Flößerei ist, um es knapp auf den Punkt zu bringen, erst einmal nichts anderes als »der Transport von Holz anhand der natürlichen Wasserwege aus unwegsamen Waldgebieten hin zu den Absatzmärkten« – so das schlaue Lexikon zur Heimatgeschichte.

Doch ganz so einfach ist es dann doch nicht. Zuerst einmal unterscheidet man zweierlei Arten der Flößerei: Bei der ersten Variante, der Trift, werden die Holzstämme ins Wasser geworfen und an einem Bestimmungsort mittels einer Auffangeinrichtung wieder eingesammelt. Das ist eher die Kreisliga der Flößerei, die wahre Kunst in dem Job zeigt sich erst, wenn die Langholzstämme zusammengebunden und auf einem wilden Ritt flussabwärts transportiert werden. Diese Art des Transportes erforderte immenses Geschick der Floßführer – nicht wenige ließen ihr Leben bei dieser gefährlichen Arbeit. Die andere Seite der Medaille war aber auch der ausgesprochen gute Verdienst dieser verwegenen Männer, die im 18. und 19. Jahrhundert ganze Wälder die Enz hinunter auf große Fahrt schickten. Ziel waren die großen Städte am Niederrhein und in Holland.

Der Brunnen mit dem draufgängerischen Flößer auf dem Marktplatz in Bissingen zeigt, um einen Vergleich zu bemühen, eher einen flößerischen Kleinwagenfahrer. Auf der langen Reise wurden die Stämme zu immer größeren, sogenannten Gestören zusammengebunden – so manches dieser »Holländerflöße« war dann schon ein Jumbofloß von 400 mal 40 Metern. Diese Ungetüme bedurften dann aber auch der Hilfe von mehreren hundert Ruderknechten – übrigens als Berufszweig eine Art Abfallprodukt der Flößerei.

Mit dem Aufkommen der Eisenbahnen und der Dampfschiffe war es vorbei mit dieser Art des Transports auf den Flüssen und dem Arbeitsfeld des Flößens. Damit ging eine jahrhundertealte Tradition zu Ende – auf dem 15 Kilometer langen Flößerweg entlang der Enz kann man sich an mehreren Teilstationen daran erinnern.

Adresse Bahnhofstraße 1, 74321 Bietigheim-Bissingen | **ÖPNV** Bus 554, 556, 540, 541 oder 542 bis Haltestelle Bissingen Rathaus, von dort in die Bahnhofstraße und zum Rathaus laufen | **Pkw** auf der L 1110, der Ludwigsburger Straße, bis zur Höhe des »Hotel Litz« fahren, dort links in die Bahnhofstraße einbiegen | **Tipp** Kanu-Tours und mehr – Die Zugvögel, Sägemühlenweg 3. Spannende Naturtrips auf dem Neckar und der Enz.

9 Der Japanische Garten

Die Kampfkünste des Dr. Erwin von Bälz

Ob sie sich wirklich jemals begegnet sind, der deutsche Arzt Erwin von Bälz und der japanische Begründer der Kampfsportart Judo, Jigoro Kano, ist nicht bewiesen. Es ist auch nicht sonderlich erheblich, wichtig ist nur, dass der junge Student Kano und der elf Jahre ältere Arzt Bälz das gleiche Ziel verfolgten: die Etablierung der Kampfkünste Judo und Jiu-Jitsu zur körperlichen Ertüchtigung und zum mentalen Ausgleich.

Erwin von Bälz wurde 1849 in Bietigheim geboren, wurde Arzt und bekam durch einen japanischen Patienten 1876 zum ersten Mal Kontakt mit dem Land der aufgehenden Sonne. In Japan regierte zu dieser Zeit Kaiser Mutsuhito, ein Mann, der zum allerersten Mal sein Land einen Spalt öffnete und ihm einen Hauch westlicher Einflüsse gestattete. Diese Meiji-Zeit, die Zeit der »erleuchteten Regierung des Kaisers«, währte von 1868 bis 1912. Mutsuhito hatte erkannt, dass er den Fortbestand seines in vielen Bereichen noch mittelalterlichen Landes nur sichern konnte, wenn er Gesellschaft, Politik, die Armee und speziell auch die Wirtschaft reformierte und es – vorsichtig – an westliche Maßstäbe anglich.

Im Zuge dieser Reformen kam auch der Arzt Erich von Bälz in das Land und reüssierte enorm. Über mehrere Jahrzehnte lehrte von Bälz an der Tokioter Universität und bildete japanische Studenten in der westlichen Medizin aus, er wurde gar Leibarzt des Kronprinzen. Doch für ihn war alles ein Geben und ein Nehmen. Im gleichen Maße, wie er den Japanern die Errungenschaften des westlichen Gesundheitswesens vermittelte, profitierte er auch von japanischen Traditionen. Seiner Liebe zum Judosport frönte er bis ins hohe Alter und gab seine erlernten Künste an kommende Generationen weiter. Die Verbundenheit seiner Heimatstadt Bietigheim mit Japan wurde 1963 mit einer Städtepartnerschaft besiegelt – heute kann man auf Erwin von Bälz' Spuren durch den Japangarten lustwandeln.

Adresse Am Japangarten, 74321 Bietigheim-Bissingen, Stadtteil Bietigheim | **Pkw** von der B 27 aus Richtung Lauffen kommend, rechts in die Auwiesenstraße einbiegen, dann an der großen Kreuzung rechts in Am Japangarten einbiegen, dann gleich links auf den Parkplatz fahren | **Tipp** Ein Bummel mit dem Nachtwächter, eine Stadtführung der etwas anderen Art. Treffpunkt am Hillerplatz. Infos unter www.bietigheim-bissingen.de.

10__Auf dem Hillerplatz

Wer bin ich?

Die Villa liegt direkt neben dem Bietigheimer Schloss, und schärfer könnte der Kontrast auch kaum sein. Hier der altehrwürdige Schlossbau in seiner – modernisierten – Fachwerkstruktur, und da das 2002 fertiggestellte Gesamtkunstwerk der Postmoderne. Auf dem Hillerplatz stehend ist man hin- und hergerissen. Soll man seine Gunst dem aus Aluminium bestehenden »Turm der grauen Pferde« von Jürgen Goertz schenken oder der »Villa Visconti«, vom Stuttgarter Architekten Jo Frowein erdacht und ebenfalls von Goertz mit Miniaturen von Promiköpfen und weniger prominenten Köpfen versehen. Zwangsläufig ziehen einen die munteren Schädel in den Bann. Sie scheinen ständig zu fragen: »Erkennst Du mich?« – »Wer bin ich?« Schon ist man mittendrin im heiteren Köpfe-Raten. Schnell zu erkennen sind Stephen Hawking und Louis Armstrong. Schwieriger wird es schon bei Wilma Rudolph oder Peter Sloterdijk. Das Bauwerk ist eine Hommage an Antonia Visconti, die um 1350 in Mailand geboren wurde und 1405 in Stuttgart starb. Antonia, ausgestattet mit einer kräftigen Mitgift, heiratete Eberhard III. von Württemberg, und der überschrieb ihr Ländereien in und um Bietigheim und Brackenheim. Die Ehe der Dame aus dem mächtigen Hause der Visconti zu Mailand mit dem Herren des Hauses Württemberg war fruchtbar für beide Seiten – ein intensiver Austausch zwischen dem Süden Deutschlands und der Lombardei begann. Er umfasste Themen wie Musik und Bilder, aber ebenso den Handel mit Stoffen und Wertgegenständen jeder Art, und hiervon profitierte natürlich auch Bietigheim.

Der über zehn Meter hohe »Turm der grauen Pferde« steht vor der Villa Visconti, er fasziniert und ist in der Stadt viel diskutiert. Hineininterpretieren kann man natürlich in diese Arbeit reichlich. Fest steht aber wohl, dass die halbierten Vierbeiner für den traditionellen Bietigheimer Pferdemarkt stehen und die Rundbögen für das Eisenbahnviadukt über die Enz.

Adresse Hauptstraße 83, 74321 Bietigheim-Bissingen | **Pkw** Von der B 27 auf die Auwiesenstraße abbiegen, diese wird zur Farbstraße. Von dort rechts in die Metterzimmerer Straße einbiegen. Ihr Ziel liegt auf der rechten Seite. | **Tipp** Die Eishockeycracks der »Steelers« in der Ege Trans Arena, Am Fischerpfad 4. Auch wenn sich einem die Regeln des Spiels nicht gleich erschließen, ein mitreißender Sport ist Eishockey allemal.

11__Das Museum Sophie La Roche

»Die Geschichte des Fräuleins von Sternheim«

»Der teutsche Mann sey gegen die Verdienste seines Weibs nicht so gerecht, als Männer andrer Länder es gegen ihre Weiber wären.«

Also bitte, das geht nun ja wohl doch deutlich zu weit – dagegen kann man sich als »teutscher Mann« nur entschieden verwahren. Ach so, geschrieben wurde dieser Satz 1783, na dann! Die Verfasserin des obigen – nicht haltbaren – Ausspruchs war Marie Sophie von La Roche, geborene Gutermann. Am Nikolaustag des Jahres 1730 zur Welt gekommen, gilt sie heute als Vorbild der weiblichen Aufklärung. Als Entwicklerin eines Frauenbildungsprogramms hat sie zeitlebens für die Anerkennung der häuslichen und kulturellen Leistungen der Frauen geworben.

Sophie lernte 1750 ihre »ewige« Liebe Christoph Maria Wieland kennen, der Jahrzehnte später wahrheitsgemäß aussprach, dass er ohne ihre Mithilfe niemals Dichter geworden wäre. Wieland und Sophie konnten zusammen nicht kommen, der familiäre Druck der Gutermanns auf das Paar war zu groß, die geschlossene Verlobung wurde wieder gelöst. Im Dezember 1853 heiratet Sophie standesgemäß den kurmainzischen Hofrat Georg Michael Frank, genannt La Roche. Dieser stand in Diensten von Friedrich Graf von Stadion, Herr mehrerer Güter, unter anderem in Bönnigheim. Hierher kamen die La Roches 1770, und Sophie begann mit dem Briefroman »Die Geschichte des Fräuleins von Sternheim«, der ein überwältigender Erfolg werden sollte. Da passt es gut in die Zeit, dass zunächst nicht Sophie als Verfasserin genannt wurde, sondern Freund Wieland.

Die La Roches sind ein Pfund in der deutschen Literatur: Sophies Tochter Maximiliane war nicht nur Vorbild für die Lotte in Goethes »Werther« (neben Charlotte Buff), sondern auch die Mutter von Bettina und Clemens von Brentano.

Adresse Schloßstraße 35, 74357 Bönnigheim | **Pkw** Von der B 27 Richtung Bönnigheim abbiegen (Lauffener Straße), an deren Ende rechts in die Karlstraße abbiegen, am Kreisel die 3. Ausfahrt nehmen (Hauptstraße). Diese führt direkt zum Schloss, rechts davon ist Ihr Ziel. | **Öffnungszeiten** Fr 14–17 Uhr, Sa, So 11–17 Uhr | **Tipp** Schwäbisches Schnapsmuseum, Meiereihof 7. Für alle Freunde der gepflegten Spirituose. Wer da von einer Schnapsidee redet …

12 _ Die Henry-Miller-Straße

Nicht Sexus und nicht Nexus

Dass die meisten Menschen zuerst an den amerikanischen Schriftsteller und Maler namens Henry Miller denken, ist verständlich.
Noch verständlicher ist es außerdem, dass – hört man den Namen
Miller – einem wohl schnell Bilder sexueller Ausschweifungen in
den Sinn kommen dank Werken wie »Opus Pistorum« oder »Wen-
dekreis des Krebses«.

Die Straße, das Stiftungshaus oder die Schule, die in Brackenheim nach Henry Miller benannt sind, haben mit diesem Autoren
Henry Miller nichts zu tun. Brackenheims Henry Miller hieß ursprünglich Albrecht Heinrich Kreiser und wurde dort am 21. Juli
1827 geboren. Kreisers Familie lebte schon einige Generationen am
Ort, allesamt waren im Metzgerhandwerk ausgebildet, sodass auch
Heinrich Kreiser Fleischer lernte. Doch gleich nach erfolgreich be-
standener Gesellenprüfung drängte es ihn hinaus in die weite Welt.
Über Holland und England gelangt Kreiser, gerade mal 21 Jahre alt,
im Sommer 1848 nach New York, nimmt den Namen Henry Miller an und gibt über die folgenden Jahre nichts mehr über seine wahre Identität und Herkunft preis. Drei Jahre schuftet er am Washing-
ton Market als Metzger und hat dann genügend Geld beisammen,
um nach San Francisco zu reisen. Dort betreibt er mit seinem ge-
sparten Geld zuerst eine eigene Schlachterei, merkt aber bald, dass
das Züchten von Rindern und deren Verkauf weitaus lukrativer sind.
Mit dem geborenen Elsässer Charles Lux traf er einen kongenialen
Partner. Miller, der immer der einfache Bub aus Brackenheim blieb,
übernahm den burschikosen Part und somit die Verhandlungen mit
anderen Züchtern und Fleischfabrikanten, Lux öffnete die Türen zu
den feinen Kreisen der Bankiers.

Henry Miller starb im Jahr 1916, geschätzte 20 Millionen Dollar schwer – 25.000 Dollar spendete er Brackenheim mit der Aufla-
ge, dass mit den jährlichen Zinsen Arme und Waise unterstützt werden sollen.

GEBURTSHAUS
VON HEINRICH KREISER (1827-1916),
1847 AUSGEWANDERT NACH AMERIKA.
DORT BERÜHMT GEWORDEN ALS
HENRY MILLER,
THE CATTLE KING OF CALIFORNIA.

Adresse Das Geburtshaus von Henry Miller steht in der Staffelgasse 6, 74336 Bracken-
heim. | **Pkw** Von der L 1107, der Georg-Kohl-Straße, von Dürrenzimmern kommend,
links in die Heilbronner Straße einbiegen und das Auto an der Touristinformation (Haus-
nummer 36) parken. Die Heilbronner Straße stadteinwärts laufen, am Ende befindet sich
die Staffelgasse. Vor der Staffelgasse rechts in die Obertorstraße gehen, die Henry-Miller-
Straße ist dann die 1. rechts. | **Tipp** In der Lemberger Hauptstadt Brackenheim gibt es den
Lembergerweg. Alle Infos unter: www.neckar-zaber-tourismus.de.

13_ Die Johanniskirche
War Goethe Muslim?

Natürlich ist das Wort »Beutetürke« vollkommen inkorrekt. Genauso wie »achmadinedschadisieren« oder »Bananen-Monarchie«. Doch wenn selbst türkische Historiker den Begriff verwenden, um einen Zeitabschnitt der deutsch-türkischen Geschichte zu charakterisieren, geht die Definition für eine kurze Zeit erst mal in Ordnung.

Der Begriff geht zurück auf die »Türkenkriege«, in deren Verlauf türkische Kriegsgefangene – und das waren Männer und Frauen – nach Deutschland gebracht wurden. Von diesen Gefangenen und ihrer hohen Kultur, speziell im handwerklichen Bereich, profitierten die einzelnen deutschen Residenzen, so unter anderem in Stuttgart, Heidelberg und München, enorm. Anfänglich als Sklaven behandelt, begann erstaunlich schnell ein Prozess der Assimilation. Durch Zwangstaufen zu Christen gemacht, wurde aus einem Hussein ein Friedrich Karl, der bei seinem früheren Herren blieb, christlich heiratete und auch immer wieder, dank seiner intellektuellen Fähigkeiten, in höhere Positionen aufstieg.

Ein solch türkisch-deutscher Urvater ist Sadok Selim Sultan, aus dem nach der Taufe ein Johannes Soldan wurde. 1304 heiratete er eine Brackenheimerin namens Rebekka Döbler, und das Paar bekam drei Söhne. Die Familienbande zogen sich über die Jahrhunderte auch ins Hessische und Fränkische. Unter den Nachfahren Soldans waren bedeutende Juristen, Wissenschaftler und Künstler. Der Goetheforschung fiel schon im 19. Jahrhundert auf, dass es in Goethes Familie vonseiten der Mutter orientalische Vorfahren gegeben haben muss. Ob Goethe deswegen Muslim war? Die einen können es sich vorstellen, für die anderen ist es barer Mumpitz. Fakt ist, dass Goethe den Islam gut kannte, schlagender Beweis dafür ist sein »West-östlicher Divan«.

Sadok Selim Sultan jedenfalls wurde nachweislich in der Johanniskirche zu Brackenheim getauft und auch beerdigt – ob er der Urvater von Goethe war? – Inshallah!

Adresse Friedhof, Theodor-Heuss-Straße, 74336 Brackenheim | **Pkw** Ortsausgang, linke
Seite Richtung Botenheim | **Tipp** Für Sportliche ein Muss: der Theodor-Heuss-Lauf quer
durch Brackenheim. Man muss ja nicht mitlaufen, Zusehen ist auch erlaubt. Alle Infos unter www.theodor-heuss-lauf.de.

14__ Der landwirtschaftliche Erlebnisweg

Benno Bauer weiß Bescheid

Es sind, mehr oder weniger, die Kernfragen des Lebens, die der landwirtschaftliche Erlebnisweg in Brackenheim beantworten will. Etwa: Wie oft fliegen Bienen für ein Glas Honig? Was sind Hackfrüchte? Oder: Was macht der Bauer im Frühjahr? Diese und viele andere Fragen beantwortet der Lehrpfad, den der Ortsbauernverband Brackenheim mit viel Engagement erschaffen hat.

Auf fünf Kilometern kann man nun mit dem Nachwuchs in die Geheimnisse der Natur eintauchen. An 17 Stationen lässt sich unter anderem ein Experiment mit Wasser verfolgen und testen, wie schnell die Flüssigkeit in die unterschiedlichsten Bodenarten eindringt. Man kann auf Holzpfosten und Gesteinsbrocken balancieren oder einfach nur die Informationen der Tafeln aufsaugen, die Kindern und auch so manchem Erwachsenen einen spannenden Einblick in Landwirtschaft, Viehhaltung oder Obstanbau bieten. Billig war die Einrichtung nicht, die die Stadt Brackenheim und mehrere private Sponsoren hier aufgebaut haben. Aber die Investition lohnt sich. Denn nun erfahren unsere Kinder endlich, dass die Pommes nicht in Tüten geboren werden und eine Kuh die Milch gibt, die die Mama immer aus dem Supermarkt mitbringt.

Brackenheim zu erwähnen und dabei den großen Sohn der Stadt – den ersten Bundespräsidenten Theodor Heuss – zu ignorieren, geht überhaupt nicht. Von der Landwirtschaft nun eine Volte zu »Papa Heuss«, der ja über Weinbau promoviert hatte, zu schlagen, geht über den Umweg der Jägerei ganz gut. Heuss-Anekdoten sind Legende, eine weniger bekannte geht so: Heuss, bekennender Nichtjäger und Vegetarier, wurde öfters zu Jagden eingeladen. Einmal lief ein verängstigter Hase während einer Jagd direkt auf ihn zu, und Heuss meinte: »Helfen kann ich dir nicht, aber wenigstens habe ich kein Gewehr.«

Adresse Hirnerweg, 74336 Brackenheim | **Pkw** von Güglingen über die L1103, die Maulbronner Straße, kommend, links in die Theodor-Heuss-Straße abbiegen, von dort gleich wieder links in die Schloßstraße fahren, dann an der ersten Kreuzung links in den Hirnerweg einbiegen | **Tipp** Besuchen Sie die Skulptur »Der Mann im Fass« von Hermann Koziol auf dem Dorfplatz von Brackenheim-Haberschlacht.

15 Die Jupitergigantensäule

Jupiter, der Beste und Größte

So mancher Familienvater träumt – heimlich – davon, so ein Ding auch im heimischen Garten aufzustellen. Hält er doch durch Tatkraft und Arbeitsleistung das familiäre Rad am Laufen. Doch schon bei der Namensgebung erscheint es fraglich, ob das alles eine besonders gute Idee ist. Denn eine »Schorsch-Gigantensäule« und dann noch mit der Inschrift »Schorsch, der Beste und Größte« geht irgendwie gar nicht.

Bei Jupiter hingegen sieht die Sache schon ganz anders aus. Diese Säulen wurden in den nördlichen römischen Provinzen gerne in den Siedlungen oder Gutshöfen aufgestellt, und sie sind eine Besonderheit Germaniens: In Rom selbst kannte man solche Säulen nicht. Jupiter, oder genauer Jupiter Optimus Maximus, die oberste Gottheit der Römer, steht auf einem dreistufigen Sockel, auf dem noch ein Viergötterstein mit den Antlitzen von Juno, Minerva, Herkules und Merkur befestigt ist. Oft kommt auf den Viererstein noch einer mit acht Ecken für die Götter der Woche hinzu: Sol für Sonntag, Luna für Montag, Mars für Dienstag, Merkur für Mittwoch, Jupiter für Donnerstag (hier übernahm er, dem Namen des Wochentages entsprechend, die Rolle des Donnergottes), Venus für Freitag und Saturn für Samstag. Umrankt ist die Säule oftmals mit Weinlaub, ein Hinweis auf die Funktion Jupiters als Gott des Rebensaftes. Ganz oben kommt dann das Glanzstück zur Geltung: Jupiter mit einem Bündel von Blitzen in der Hand reitet einen Feind nieder, meist dargestellt durch einen schlangenfüßigen Giganten.

Die Hausener Säule wurde in vielen Einzelteilen 1964 ausgegraben, das Original befindet sich in Stuttgart. Die Nachbildung wurde dann 1970 von der Gemeinde Hausen aufgestellt und in einen wunderbaren »Römischen Garten« integriert. Dieser Garten mit Olivenbäumen, Weinranken und Feigen vermittelt perfekt die Illusion eines Parks in Mittelmeergefilden – ein Genuss an heißen Sommertagen.

Adresse Nordhausener Straße, 74336 Brackenheim-Hausen | **Pkw** von Nordhausen auf der K 2075 Richtung Hausen fahren, am Ortseingang auf der linken Seite | **Tipp** Der Jupiter-Weinkeller, Kelterstraße 2 in Hausen, gleich gegenüber des »Römischen Gartens«. Versuchen Sie den »Samtrot« – lecker! Mit feinen Erdbeer- und Himbeeraromen.

16 _Die Gedenktafel am Marktplatz

Der flüchtige Johann Christoph Friedrich Schiller

Im 18. Jahrhundert war das Wort von der »Freiheit des Bürgers« noch nicht geboren. Was mit den Menschen geschah, entschied der Souverän. Das war in Württemberg nicht anders als in Bayern oder Sachsen. Doch war es im Lande des württembergischen Herzogs Karl Eugen besonders eng und starr. Der Herzog hatte eine militärische Drillschule gegründet, auf der neues Potenzial für kriegerische Auseinandersetzungen ausgebildet werden sollte. Hier landete 1773 der 13-jährige Friedrich Schiller. Von Anfang an hasste der junge Mann diese Umgebung mit all ihren militärischen Regeln. Es gab kaum freie Tage, und Urlaub war unbekannt. Doch Schiller hielt durch und wurde als ausgebildeter Militärarzt 1780 entlassen. Um der Kargheit an der Militärschule zu entgehen, hatte Friedrich während der Schuljahre einige Gedichte geschrieben, 1881 hatte er »Die Räuber« fertig. Über Schillers literarische Ambitionen war der Herzog not amused, und nachdem Schiller verbotenerweise eine Reise ins kurpfälzische Mannheim zu einem Verleger getätigt hatte, brummte ihm Karl Eugen eine 14-tägige Haft auf. Damit war für Schiller das Maß voll, er musste raus aus Württemberg.

Die Flucht plante er minutiös, doch ohne seinen besten Freund, den Musiker Andreas Streicher, hätte er bei diesem Ausbruch keine Chance gehabt. Mitte September war es dann so weit, Schiller und Streicher passierten das Stadttor von Stuttgart und gelangten über Bretten nach Mannheim. Der Herzog in Stuttgart aber schäumte und schickte seine Häscher in Richtung Mannheim. Das zwang Andreas Streicher und Friedrich Schiller zur weiteren Flucht in Richtung Frankfurt am Main. Doch es sollten auch wieder bessere Zeiten für den jungen Dichter kommen. Ein Studienfreund vermittelte ihm einen Aufenthaltsort weit ab vom Stuttgarter Herzog, und dort konnte Schiller endlich sein Stück »Kabale und Liebe« beenden.

Adresse Marktplatz, 75015 Bretten | **Pkw** Weißhoferstraße (L 1103) geradeaus bis zum Großparkplatz an der Sporgasse fahren, über den Zebrastreifen in die Spitalgasse gehen und dann links zum Marktplatz abbiegen | **Tipp** Ein Besuch am Schillerblick in Knittlingen, mit Gedenkstein zur Erinnerung an die Flucht auf der Anhöhe des Wetterkreuzes. Hier warf Schiller seinen letzten Blick auf Württemberg.

17 Das Heberer-Haus

Aus Bretten in die weite Welt

Einige touristische Ferienstraßen durchziehen die Kraichgau-Stromberg-Heuchelberg-Region. Als da wären: die Bertha-Benz-Memorial-Route, die deutsch-französische Touristikroute, die Badische Weinstraße, die Weinstraße Kraichgau-Stromberg, die Württemberger Weinstraße und eben die Schwäbische Dichterstraße. Diese führt auch an Bretten vorbei und verweist auf einen außergewöhnlichen Mann, einen Reiseschriftsteller der besonderen Art.

Er wurde der »Churpfälzische Robinson« genannt und erblickte um 1560 in der mittelalterlichen Salzstadt das Licht der Welt. Da Bretten heute zum westlichen Kraichgau gezählt wird, aber erst 1803 zum Großherzogtum Baden kam und somit davor mit der Kurpfalz zu Bayern gehörte, ist der Beiname »churpfälzisch« bei Michael Heberer erklärbar. Als Hauslehrer ausgebildet, war eine Karriere als Erzieher von Grafensöhnen vorgesehen. Doch nicht mit dem abenteuerlustigen Michael. Nach einer unbefriedigenden Stelle bei einem schwedischen Adligen beschließt er 1582, endlich in die Welt zu reisen. Da Baedeker und Neckermann Reisen noch nicht erfunden waren, stellte sich dieses Unterfangen als recht mühselig und vor allem unkalkulierbar dar. Dass er sich einer Flotte von maltesischen Kaperschiffen anschloss, war nicht die glücklichste Entscheidung im Leben des Michael Heberer. Sich dann vor der ägyptischen Küste mit Sklavenhaltern anzulegen, war aber einfach nicht durchdacht. Heberer und seine Kameraden wurden jedenfalls gefangen genommen und durften als Galeerensklaven erfahren, was kräftiges Rudern bedeutet. Über Jahre bleibt der Brettener als Sklave auf dem östlichen Mittelmeer und dem Schwarzen Meer, bis ihn eines Tages ein französischer Gesandter freikauft und er 1589 wieder seine Heimat sieht. Hier schreibt er seine Erlebnisse auf und wird berühmt. Sein Geburtshaus brannte 2007 vollkommen ab, ist heute aber wieder – verändert – aufgebaut.

Adresse Pforzheimer Straße, 75015 Bretten | **Pkw** Weißhoferstraße (L 1103) geradeaus bis zum Großparkplatz an der Sporgasse fahren, über den Zebrastreifen in die Spitalgasse gehen und dann links zum Marktplatz abbiegen, über den Marktplatz gehen und links in die Pforzheimer Straße einbiegen | **Tipp** Das Schutzengelmuseum, Engelsberg 9. Als Kupferstich, Stahlstich oder Holzschnitt – Schutzengel aus vielen Jahrhunderten und in allen Variationen.

18 Das Melanchthonhaus

Die Kapitale des Humanismus

Humanismus, das ist der Übergang vom dunklen Mittelalter in die aufgeklärte Neuzeit. So weit, so gut. Doch der Humanismus ist mehr. Das »neue Denken«, welches von den großen Humanisten wie Philipp Melanchthon, Erasmus von Rotterdam, Johannes Reuchlin oder Johann Crato von Krafftheim ausging, prägte die gewaltigen Veränderungen in den Sparten Wirtschaft, Gesellschaft und Geografie.

Humanismus, das bedeutet wörtlich »Menschlichkeit«, und der Mensch stand bei allen humanistischen Philosophen im Mittelpunkt ihres Denkens. Das Studium der antiken Sprachen sowie das Verstehen von Literatur, Kunst und Philosophie des Altertums waren für die Humanisten der Schlüssel zur Seele aller Menschen. Im Mittelalter war es dem Einzelnen kaum vergönnt, einen Traum von Freiheit und Glück zu hegen. Jetzt hatte er die ausdrückliche Pflicht dazu. Anfänglich war die Schar der Humanisten recht klein. Die meisten lehrten an den großen Universitäten, man kannte sich untereinander, und man hielt auf vielfältige Weise Kontakt. Durch ihre Denkweise und die kritische Einstellung gegenüber dem Althergebrachten befanden sie sich in ständiger Konfrontation mit der Kirche. Berühmte Beispiele hierfür sind die Namen von Nikolaus Kopernikus und Galileo Galilei. Doch bei aller Gegnerschaft zwischen Kirche und Humanismus hat dieser doch der Reformation den Weg geebnet.

Im Humanistenzimmer des Melanchthonhauses in Bretten sind die großen Meister auf Wandgemälden verewigt. Hier findet man Franz Burkhard und Joachim Camerarius ebenso wie Jakob Milich und Hieronymus Baumgartner. Alle sind Zeitgenossen von Philipp Melanchthon, und sie kommen aus allen Ecken der Wissenschaft. Wir finden hier Astronomen, Juristen, Ärzte, Naturwissenschaftler und Schriftsteller. Der Raum atmet den freien Geist der freien Denker, und er ist gespickt mit Folianten, die jedem Bibliophilen das Wasser im Munde zusammenlaufen lassen.

Adresse Melanchthonstraße 1, 75015 Bretten | **ÖPNV** Linie S 4 bis Haltestelle Stadtmitte. Laufen Sie bis zur Wilhelmstraße und überqueren Sie diese. Genießen Sie es nun, durch eines der engen Gässchen zur Altstadt zu laufen. | **Pkw** Weißhoferstraße (L 1103) geradeaus bis zum Großparkplatz an der Sporgasse fahren, über den Zebrastreifen in die Spitalgasse gehen und dann links zum Marktplatz abbiegen, am Ende des Marktplatzes beginnt die Melanchthonstraße | **Tipp** Das Peter-und-Paul-Fest, immer am 1. Wochenende nach dem Feiertag Peter und Paul, am 29. Juni. Lebendiges Mittelalter-Feeling mitten in der Stadt.

19__Das Denkmal für Johann Bek

Jurist und Politiker

Johann Baptist Bekk, Jahrgang 1797, hatte eine profunde juristische Ausbildung genossen und galt als grundanständig und seriös. Man bescheinigte ihm einen »sittlichen Wandel« und bestätigte, nachdem er um eine Heiratserlaubnis gebeten hatte, von hochoffizieller Seite, dass einer Vermählung nichts im Wege stehe, da auch »ein gesicherter Unterhalt« gewährleistet sei. Nach der Heirat 1823 ging es mit der Juristenkarriere steil aufwärts, die ihn bis zum Ministerialrat im Innenministerium führte. Der absolute Höhepunkt kam, als ihn der Großherzog von Baden 1846 zum Innenminister berief.

Doch diese Berufung sollte kein Segen für Bekk werden. Schon bei Amtsantritt schrieb er einem Freund: »Da der Großherzog nun meinen Eintritt in den Staatsdienst wünschet, werde ich meiner Berufung pflichtgemäß Folge leisten, auch wenn es mir lieber wäre, man ließe mich auf dem Platze, auf dem ich mich gerade befinde.« Eine frühe Bekk-Biografie trifft den Nagel auf den Kopf, wenn sie die Situation des Mannes sinngemäß so beschreibt, dass er den revolutionären Vorgängen der Jahre 1848 und 1849 kaum etwas entgegenzusetzen hatte. Diese beiden Jahre waren für Bekk eine völlige Ausnahmesituation, die Zustände und Ereignisse der badischen Revolution brachten ihn immer wieder in größte Gewissensnöte. Zum einen den Grundideen der Revolutionäre nicht abgeneigt, stand auf der anderen Seite die absolute Loyalität zu seinem Dienstherrn. Beteiligte an den Ereignissen jener Jahren berichteten später immer wieder, dass so manche heikle Situation zwischen Staatsmacht und Revolutionären alleine dadurch beherrschbar wurde, dass der Minister Bekk durch seine ruhige und honorige Art die Wogen glättete.

Als Minister musste Bekk 1849 zurücktreten. Im Jahr 1851 wurde er noch Mitglied im Erfurter Unionsparlament, konnte aber nicht mehr an seine vormalige Karriere anknüpfen. Bekk verstarb im März 1855 in Bruchsal.

Adresse Friedhofstraße 31, 76646 Bruchsal | **ÖPNV** Bus 181, Haltestelle Friedhof, der Gedenkstein befindet sich neben der Kirche St. Peter | **Pkw** von der B 3, Durlacher Straße, in die Salinenstraße rechts einbiegen, dann links in die Tunnelstraße und gleich rechts in die Hochstraße fahren, Hochstraße wird zur Friedhofstraße | **Tipp** Alleine in Bruchsal und Karlsruhe gibt es über zehn Straßennamen in Erinnerung an die badischen Revolutionäre. Dieses interessante Straßennamensuchspiel kann man in der gesamten Region durchführen – sehr lehrreich!

20__Das Gasthaus »Zum Bären«

Die JVA ist nebenan

Auch die badischen Revolutionäre mussten ab und zu etwas essen und trinken. Würde man sich heute auf einen Döner bei Aslan oder eine Pizza bei Giorgio treffen, traf man sich halt 1848 im »Hetterich'schen Brauhaus«. Dessen Wirt war als der »rote Heinrich« stadtbekannt und gewährte speziell den von der Obrigkeit Gesuchten Unterschlupf und Verpflegung. Da die Revolution Bruchsal nur am Rande streifte, war das Gasthaus in der Nähe des Schlosses auch so etwas wie der Ruhe- und Rückzugsraum der Aufständischen.

In unmittelbarer Nachbarschaft des heutigen »Bären« liegt die Justizvollzugsanstalt des Landes Baden-Württemberg. Erbaut in den Jahren 1841 bis 1848 nach Plänen von Heinrich Hübsch, seines Zeichens Großherzoglicher Baudirektor. Zu seinen Hauptwerken zählen die Kunsthalle und das Theater in Karlsruhe sowie der Westbau des Domes zu Speyer – und eben das »Neue Männerzuchthaus zu Bruchsal«. Ist der Bau an sich schon respekteinflößend, bediente man sich nach seiner Eröffnung auch einer vollkommen neuen, nicht minder beachtlichen Methode des Strafvollzuges. Das Vorgehen orientierte sich am Modell der »Eastern State Penitentiary« in Philadelphia/USA. Dieser »pennsylvanische Ansatz« beinhaltete, dass schon das Äußere der Strafanstalt, in Form einer mittelalterlichen Burg, den Betrachter in Angst und Schrecken versetzt. Ebenso war es Prinzip, die Gefangenen von der Außenwelt und untereinander zu isolieren. Mit diesen Methoden machten auch die Revolutionäre von 1848 Bekanntschaft. Gerade errichtet diente das Gefängnis in Bruchsal zuerst einigen der Aufrührer als Kerker.

Eine Bitte zum Schluss: Besuchen Sie die Außenmauern der JVA in Bruchsal, um Geschichte zu schnuppern, aber fotografieren Sie nicht! Denn noch bevor Sie »Bruchsaler Spargel« gesagt haben, werden Sie die Bekanntschaft mit einigen mehr oder minder freundlichen uniformierten Herren machen, die schnell den Eindruck vermitteln, man gehöre eher in als vor das Gebäude.

Adresse Schönbornstraße 28, 76646 Bruchsal | **Pkw** Die B 3 ist die Schönbornstraße. Wenn Sie von Norden kommen, liegt Ihr Ziel links vor dem Stadttor. | **Tipp** Das »Gitterlädle« der JVA Heilbronn in der Steinstraße. Hier bekommt man zwar keine schwedischen Gardinen, aber gutes Brot, Wein und Wurst.

21_Das Kindergartenmuseum

Fröbel oder Montessori

Mit pädagogischen Konzepten ist das ja so eine Sache. Wat dem ee-nen sin Uhl, is dem anneren sin Nachtigall. Konzepte gibt es daher viele. Da haben wir zum einen die Reggio-Pädagogik und die Wal-dorf-Pädagogik, wir kennen die Freinet-Pädagogik und die Kneipp-Pädagogik, und mit der Systematischen Pädagogik und der Pädago-gik der Wald- und Naturkindergärten ist die Liste noch lange nicht voll. Der Schwerpunkt des einzigartigen Kindergartenmuseums in Bruchsal liegt auf zwei besonderen pädagogischen Konzepten: dem von Friedrich Fröbel und dem der Maria Montessori.

»Bei der Erziehung muss man etwas aus dem Menschen heraus-bringen und nicht in ihn hinein« ist ein Kernsatz der Fröbel-Päda-gogik. Friedrich Wilhelm August Fröbel, 1782 im thüringischen Oberweißbach geboren, gilt als der Erfinder des Kindergartens und der Spielpädagogik. Seine Grundidee war es, Kindern von ihrer Ge-burt an bis zum Schuleintritt eine ganzheitliche Erziehung angedei-hen zu lassen, deren Hauptmerkmal das freie Denken war. Fröbels Erziehung sollte aus Kindern selbstständige Menschen machen. Sein Buch »Die Menschenerziehung« war für die damalige Zeit revolu-tionär: Seine Vorstellung von Kinderheimen war so ganz und gar un-terschiedlich von dem, was als »Kinderbewahranstalten« nur sehr un-zulänglich beschrieben ist.

Maria Montessori entwickelte ihre eigene Bildungsmethodik und wandte diese 1907 zum ersten Mal in einem römischen Kindergarten an. So weit weg von Fröbel ist auch die 1870 in Chiaravalle/Provinz Ancona geborene Italienerin nicht. Ihr gilt das Kind als vollwertiger Mensch mit individueller Persönlichkeit, dessen selbstständiges Den-ken zu jeder Zeit gefördert werden muss. Der Erzieher ist gleichbe-rechtigter Partner, aber auch stiller Beobachter und, wenn notwen-dig, der Helfer des Kindes. Mit Herta Pelz, der engagierten Leiterin des Museums, durch die Sammlung gehen – ein Gewinn für Kind und Eltern.

Adresse Hochstraße 6, 76646 Bruchsal | **ÖPNV** Bus 181, Haltestelle Friedhof, von dort die Straße bis zum Museum (auf der linken Seite) hinuntergehen | **Pkw** von der B 3, Durlacher Straße, in die Salinenstraße rechts einbiegen, dann links in die Tunnelstraße und gleich rechts in die Hochstraße fahren | **Tipp** Kinder-Erlebnistour durch Bruchsal. Eine Stadtführung, in der mal die Kleinsten im Mittelpunkt stehen. Infos bei der Touristeninformation, Tel. 07251/5059461.

22 Der Otto-Oppenheimer-Platz

Brusler Dorscht

»Ja der Dorscht, ja der Dorscht, ja der alte Brusler Dorscht – war die Leidenschaft des Grafen, alles andre war ihm worscht.«

Der vom Bruchsaler Kaufmann und Verseschmied Otto Oppenheimer erfundene Graf namens Kuno ist eine Legende und hat nachweisbar nie gelebt. Dennoch ist durchaus vorstellbar, dass Oppenheimer einen größeren Mix aus den verschiedenen Grafen und Gräflein der Gegend in der Figur seines Kuno verwoben hat und daraus einem Kraichgaugrafen Gestalt gab, den sein »Dorscht« und seine Maßlosigkeit dazu gebracht haben, den schönen Lußhardtwald an den Kaiser versetzen zu müssen. Oppenheimer, der viel über die Geschichte seiner Heimatstadt Bruchsal recherchierte, stolperte über die historisch verbürgte Geschichte um Kaiser Otto III. und dessen Nachfolger Heinrich von Bayern. In jenen Tagen der – selbst für damalige Zeiten – komplizierten Nachlassverhandlungen von Ottos Erbe kam das Gespräch auch auf einen Tauschhandel um den Bruchsaler Königshof. Dieses verwickelte Konstrukt aus politischen und religiösen Rankünespielchen gestaltete Otto Oppenheimer in seiner Bruchsaler Nationalhymne vom Grafen Kuno und seinem großen Durst komödiantisch um. Der Öffentlichkeit stellte er sie an dem Tag seines Junggesellenabschiedes im Jahr 1901 in der Großen Karnevalsgesellschaft zu Bruchsal vor. Oppenheimer, 1875 in Bruchsal geboren, war das jüngste Kind des jüdischen Tuchgroßhändlers Louis Oppenheimer, der 1907 verstarb. Otto und sein um 13 Jahre älterer Bruder Jacob führten nun das Geschäft mit dem Tuchwarenhandel. Das lief gut, sehr gut sogar, doch wie so vielen jüdischen Firmen zu dieser Zeit erging es auch der Firma Oppenheimer. 1938 musste Otto – Jacob war schon 1933 verstorben – weit unter Wert verkaufen und emigrierte in die USA, wo er 1951 starb. Jacobs Witwe überlebte die NS-Zeit nicht, ihre Spuren verlieren sich 1942 in Theresienstadt.

Adresse Otto-Oppenheimer-Platz, 76646 Bruchsal | **Pkw** Von der A 6 über die B 35 nach Bruchsal fahren, dann links auf die B 3 (Durlacher Straße) abbiegen. Dort liegt dann links der Otto-Oppenheimer-Platz (der frühere Holzmarkt) am Ende der Fußgängerzone. | **Tipp** Die Obergrombacher Guggenmusik des Vereins »Die Nashörner« ist an Fastnacht ein Muss. Guggenmusik mag man oder man mag sie eben nicht – dazwischen gibt es keine Alternative.

23__Das Schloss

Die Schwiegermutter Europas

Der 1. März 1945 war der Schicksalstag von Schloss Bruchsal. Gegen 13.30 Uhr an jenem Donnerstag griff das 41. Bombengeschwader der 8. US-Luftflotte die Stadt an und zerstörte das Barockschloss fast völlig. Erst 30 Jahre später, auf den Tag genau am 1. März 1975, war es wiederaufgebaut und konnte besichtigt werden. Einer der ursprünglichen Baumeister dieser wohl schönsten Anlage des europäischen Barock war der Architekt Balthasar Neumann. Er verband die vorherrschende monumentale Fassaden- und Raumarchitektur mit seiner souveränen Beherrschung der Ingenieurstechniken. Neumanns Bruchsaler Treppenhaus, lichtdurchflutet und mit phantasievollen Ornamenten ausgestattet, ist auch heute noch konkurrenzlos.

Eine der unvergesslichsten Bewohnerinnen des Schlosses dürfte wohl Amalie von Baden gewesen sein. Sie war die Witwe des badischen Erbprinzen Karl Ludwig und eine entschiedene Gegnerin Napoleon Bonapartes. Dass dann Stéphanie de Beauharnais, die Adoptivtochter Napoleons, ausgerechnet ihren Sohn Karl Ludwig Friedrich heiratete, war zum einen ein ziemlicher Affront in Richtung Amalie und gleichzeitig einer der genial-gemeinen Winkelzüge des kleinen Korsen. Als ihr Bonaparte dann noch Bruchsal als Witwensitz zuwies, wo es nach zeitgenössischen Berichten eher eintönig und wenig luxuriös war, dürfte es Amalie etwas mehr als nur ihre Contenance gekostet haben. Doch Amalie war eine jener starken Frauen, die nichts so leicht aus der Bahn warf. Aus ihrer Ehe mit Karl Ludwig hatte sie sechs Töchter und zwei Söhne. Durch geschickte Heiratspolitik unter anderem in Richtung Russland, Schweden und auch Bayern nannte man sie bald die »Schwiegermutter Europas« – ob sie auch die Großmutter des Findelkindes Kaspar Hauser war, ist bis heute unbewiesen.

Der Fairness geschuldet, sollte hier nach der Schwiegermutter der »Schwiegervater Europas« nicht unerwähnt bleiben. Es ist Christian IX. von Dänemark.

Adresse Schönbornstraße, 76646 Bruchsal | **Pkw** Die B 3 ist die Schönbornstraße. Wenn Sie von Norden kommen, liegt Ihr Ziel rechts hinter dem Stadttor. | **Tipp** »Literarisches Bruchsal« – Führung auf den Spuren von Joseph Viktor von Scheffel. Infos: Touristeninformation, Tel. 07251/5059461.

24 Das Streuobstmuseum

Die Schweizer Wasserbirne und
Wangenheims Frühzwetschge

Unsere Streuobstwiesen gilt es zu schützen, sie sind ein uraltes Kulturgut.

Noch vor gut 50 Jahren waren sie gang und gäbe. Überall in dörflich geprägten Regionen fanden sich an den Ortsrändern Apfel-, Birnen- oder Zwetschgenbäume. Sie waren für die Versorgung der Bevölkerung mit Frischobst unabdingbar, gehörten ebenso wie die privaten Kartoffeläcker oder Karottenbeete zur Nahrungsmittelgrundversorgung der Bevölkerung.

Das hat sich heute grundlegend geändert. Unser Obst kaufen wir tütchenweise im Supermarkt – schmeckt zwar irgendwie nach gar nichts, ist aber immer und überall verfügbar. Großmutter hätte verwundert mit den Augen gerollt: Erdbeeren im Januar, Spargel im November? Undenkbar! Doch mit der industriellen Produktion von Obst und Gemüse hat sich nicht nur unser Konsumverhalten verändert, auch die Bedeutung von Streuobstwiesen ging deutlich zurück. Da mit dem Zurückdrängen der Wiesen auch eine Intensivierung der Monokulturlandwirtschaft einherging, blieb es letztendlich nicht aus, dass auch eine Dezimierung der verschiedenen Nützlinge, angefangen von Kleinstinsekten bis hin zum Laubfrosch, erfolgte. Binnen weniger Jahre schaffte es eine aus dem Ruder gelaufene Agrarindustrie, eine schon in mittelalterlichen Klöstern gepflegte Obstanbaukultur niederzustrecken. Denn es waren die Mönche in den europäischen Klöstern, die vielfältige Obstgärten anlegten, schlicht auch deswegen, weil sie nicht nur leckere Früchte genießen wollten – ab und an auch gern in destillierter Form –, sondern auch um ein irdisches Elysium zu erschaffen.

Im Bruchsaler Museum wird die Lebensgrundlage Streuobstwiese ebenso präsentiert wie ein traditioneller Bauerngarten oder die Idee, Hecken und Sträucher als ökologische Nischen- und Nistplätze für bedrohte Tierarten anzulegen.

Adresse Mozartweg, 76646 Bruchsal | **Pkw** von der B 3 in die Robert-Koch-Straße abbiegen, an deren Ende links in die Mozartstraße einfahren, am Ende der Straße liegt das Museum | **Öffnungszeiten** frei zugänglich | **Tipp** Radeln, wo der Spargel wächst. Die »Tour de Spargel« hat nicht nur sportliche, sondern auch kulinarische Höhepunkte. Infos unter: www.tour-de-spargel.de.

25__Die Straußenfarm

Winnie und Nelson

Dass Drahtzäune beruhigend wirken, ist in keinem Lehrbuch der Psychologie nachzulesen. Ist aber so! Denn eigentlich hatten wir vor, das Straußenpärchen aus einer gewissen Distanz zu fotografieren – mit ebendem Beruhigungsmittel Drahtzaun zwischen uns. Doch bei 1,92 Meter Körpergröße und 120 Kilogramm Lebendgewicht des männlichen Teils des Autorenteams macht es halt keinen guten Eindruck, wenn man sich drückt. Also folge ich der Einladung von Corinna Herrmann, Herrin der Strauße, und betrete das Gehege.

Kaum stehe ich hinter dem Zaun – und glauben Sie es mir, ich stünde nun wahrlich gerne woanders –, kommt Straußenmann Nelson auf mich zu, pumpt mit den gewaltigen Flügeln und nickt mit dem Kopf. »Der mag Sie, das ist ein Begrüßungsritual«, meint Frau Herrmann. Wunderbar, das entspannt nun wirklich. Denn wenn Struthio camelus, der Afrikanische Strauß, auf Sie zukommt, kommt er mit einiger Geschwindigkeit auf Sie zu. Er ist gut 2,20 Meter groß, trägt gefühlte Schuhgröße 75, und sein Oberschenkel ist dem von Basti Schweinsteiger nicht unähnlich. Die Zeit ist zwar ein wenig zu kurz, um eine Beziehung zu Nelson aufzubauen – Winnie, die Straußendame, interessiert sich ausschließlich für das frische Gras in ihrer Umgebung –, doch wie der Herr merkt, dass er fotografiert werden soll, macht er das, was Männer gerne machen, wenn eine Kamera aufblitzt: Er stellt sich in Positur. Schön wäre natürlich ein Foto mit dem sprichwörtlichen »im Sand steckenden Kopf« – oder mit dem, was man dann noch sieht. Doch das ist ein Gerücht, denn wenn der Vogel Gefahr wittert, macht er das, was alle machen – er haut einfach ab und hat überhaupt keine Zeit, irgendetwas in den Sand zu stecken.

Corinna Herrmann führt die Straußenfarm in Helmsheim erst seit Kurzem und will kein Straußenfleisch verkaufen, sondern nur Straußeneier, und die sind nicht immer verfügbar. Melden Sie sich also rechtzeitig an.

Adresse In der Gottesau 15, 76646 Bruchsal-Helmsheim | **ÖPNV** mit der S 9 Bruchsal-Bretten bis Bahnhof Helmsheim, dann sind es nur noch wenige Meter zur Straußen-farm | **Pkw** von der B 35 aus Bruchsal kommend gegenüber der Blitzersäule links In der Gottesau einbiegen | **Tipp** Einer der ältesten Autohöfe in Deutschland: Autohof Herzel, an der B 35, Stuttgarter Straße 8, Bruchsal-Heidelsheim. Hier fühlt man sich wie Franz Meersdonk in »Auf Achse«.

26_ Das Joß-Fritz-Denkmal
Die Bundschuh-Bewegung

Das Geburtsjahr von Joß Fritz ist nicht bekannt, man dürfte aber mit »um 1470« richtigliegen. Hineingeboren wurde er in ärmlichste Verhältnisse und in die Leibeigenschaft des Bischofs zu Speyer. Das war zu dieser Zeit gang und gäbe. Die Bauern mussten ihrem weltlichen oder geistlichen Herren Arbeitsdienste leisten, große Teile der Ernte abtreten und im Heirats- oder Sterbefall eine Abgabe entrichten.

Joß Fritz aus Untergrombach wollte diese Zwänge schon in jungen Jahren nicht hinnehmen. 1502 bereitete er einen Aufstand vor, die Forderungen waren eindeutig: 1. »Kein Herr, außer Kaiser, Gott und Papst« (man beachte die Reihenfolge!); 2. »Kein Gericht soll gelten als das am Wohnort« (diese Forderung ist nachvollziehbar, wenn man bedenkt, das Straffälle in früheren Zeiten direkt im Dorf verhandelt wurden, jetzt aber sollten die Verhandlungen in Straßburg oder Rottweil stattfinden, unmöglich für einfache leibeigene Bauern, hier Gerechtigkeit zu erlangen); 3. »… wenn die Zinsen die Höhe des verliehenen Kapitals erreichen, ist der Schuldner frei« (war es doch so, dass um 1500 etliche Missernten zu verkraften waren und der Landesherr justament auf diese Missernten eine Steuer festlegte – die ohnehin über beide Ohren verschuldeten Bauern hätten niemals mehr die Chance gehabt, ihre Schulden abzutragen). Hinzu kamen noch einige Standardforderungen wie »freier Fischfang« und »Verteilung des überflüssigen Kirchengutes an Arme«, und fertig war die Verschwörung zu Untergrombach im Jahr 1502. Doch diese »Bundschuh«-Verschwörung – so genannt nach dem von Joß Fritz gewählten Schuhwerk, ein mit Riemen geschnürter Schuh, den die einfachen Bauern trugen – wurde verraten, Fritz musste fliehen.

Doch ein Mann wie Joß Fritz gibt nicht auf. Noch mehrmals scharte er Getreue um sich und versuchte im Oberrheingebiet einen gezielten Bauernaufstand – mit mäßigem Erfolg. Seine Spur verliert sich im Jahr 1525, ein Sterbedatum ist nicht bekannt.

Adresse Bruchsaler Straße/Ecke Obergrombacher Straße, 76646 Bruchsal-Untergrombach | **Pkw** auf der B 3 von Bruchsal kommend, an der großen Kreuzung links | **Tipp** Der Michaelsberg in Untergrombach mit einer wunderbaren Panoramaaussicht bis ins d'Alsace.

27 Der Michaelsberg – Wächter des Zabergäus

Ziemlich steil – die Kapuzinerstaffel

Die steile Treppe an der östlichen Seite des Michaelsbergs wird seit Jahrhunderten »Kapuzinerstaffel« genannt. Über all die Jahre wurden hier die Toten auf den kleinen Bergfriedhof getragen, um sie dort zu beerdigen. Der Michaelsberg hatte schon immer eine mystische Aura. Dies zog die verschiedensten Dichter und Schriftsteller an, um diesen Berg in Prosa oder Lyrik zu verewigen.

Allen voran geht Eduard Mörike mit seinem Poem »Erzengel Michaels Feder«, das mit den Worten beginnt: »Weil schon vor vielen hundert Jahren, / da unsre Väter noch Heiden waren, / unser geliebtes Schwabenland / so lustig wie ein Garten stand, / so sah der Teufel auch einmal / vom Michaelsberg ins Maiental / und auf das weit bebaute Feld …« Die »Legende vom Michaelsberg« hat ebenfalls den Arzt und Dichter Justinus Kerner inspiriert, der die Geschichte in seinem Buch »Das Bilderbuch aus meiner Knabenzeit« weitergab. Kurz zusammengefasst geht es bei dieser Legende darum, dass während eines Kampfes mit dem Teufel der heilige Bonifatius den Erzengel Michael zu Hilfe rief und von diesem eine goldene Feder zurückbehielt. Diese Feder war über lange Zeit dann Ziel vieler Wallfahrten.

Über all den Mysterien soll aber eines nicht ins Hintertreffen geraten. Nämlich der gute Wein vom Michaelsberg. Schon seit vielen Jahrhunderten wird dort Rebensaft angebaut, denn die klimatischen Verhältnisse sowie die Bodenbeschaffenheit sind einfach ideal. Geschickte Werbestrategen haben schon mal von der »Kultstätte Württembergischen Weinbaus« gesprochen. Natürlich geht es auch eine Nummer kleiner. Zum Beispiel mit der Aussage, dass die Weine der Lagen Cleebronner Michaelsberg und Güglinger Kaiserberg einfach nur köstliche Weine sind – wie fast alle Tropfen aus der Region Baden und Württemberg.

Adresse Michaelsberg, 74389 Cleebronn | **Pkw** Von Bönnigheim Richtung Cleebronn. Nachdem Sie den Freizeitpark Tripsdrill auf der linken Seite passiert haben, ist auf der Berghöhe links ein Parkplatz. Hier bitte parken und dann zum Michaelsberg wandern. | **Tipp** Burg Magenheim bei Cleebronn ist zwar in Privatbesitz, öffnet aber mehrmals jährlich zu Konzerten ihre Pforten.

28___Der Jägersee

Auf Du und Du mit Frosch und Kröte

Idyllisch liegt er am Fuße des Ottilienberges in der Eppinger Hardt – der Jägersee. Eine Interessengemeinschaft, die sich der Natur- und Landschaftspflege verschrieben hat, staute den See 1970 auf. Aktuell hat er nun eine Gesamtwasserfläche von etwas über einem Hektar, die tiefste Stelle dürfte gut drei bis vier Meter tief sein. Dass man schon einen Wels von beachtlichen Ausmaßen an Land gezogen hat, wird berichtet, bei Gewichtsangaben von über 30 Kilogramm schießt aber auch dem gutgläubigsten Mitmenschen das Wort vom Anglerlatein durch den Kopf – dennoch: Ein Schild am Ufer des Sees weiß mitzuteilen, dass noch weit größere Wallermonster sich auf dem Seegrund befinden. Eines dieser Monster wurde, das belegen einige Fotos, 2005 tatsächlich an Land gezogen, was dem Mythos vom »Monster im Jägersee« ein wenig die Wirkung nahm.

Am See wurde ein interessanter und gerade für Kinder bemerkenswerter Vogel- und Tierlehrpfad angelegt, der ebenso vielversprechend ist wie der »Waldfühlpfad«. An 13 Mitmachstationen auf etwa drei Kilometern Länge kann man an diesem interaktiven Erlebnispfad einen Barfußparcours genauso »erleben« wie eine Station mit Namen »Musikalischer Wald«. Weitere Stationen erklären, was Holz als Rohstoff bei der Herstellung von Musikinstrumenten bedeutet oder wie man naturbewusst mit dem Heizmaterial Holz umgeht. Besucht man den See an einem lauen Frühlingsmorgen, hört man zuerst das Quaken der Frösche, bevor einem das erste Exemplar fast auf den Schuh springt. Bei einer kleinen Wanderung um den See sollte man dann intensiv auf den Weg achten, der voll ist von gut getarnten, hüpfenden Teichbewohnern, und auch im See selbst ergibt sich immer wieder die Möglichkeit der genauen Froschbeobachtung.

Baden und Bootfahren ist leider im oder auf dem Jägersee nicht möglich – vielleicht aber auch gut so, denn sollte so ein Riesenwallermonsterwels …

Adresse 75031 Eppingen | **Pkw** von Eppingen Richtung Kleingartach auf der L 1110, nach circa 2,5 Kilometern rechts abbiegen und der Beschilderung »Waldfühlpfad« folgen | **Tipp** Der Ottilienberg, etwa 3 Kilometer südöstlich von Eppingen. Ein Gebäude wird zeitweise vom Odenwaldclub bewirtschaftet.

29 Die Katharinenkapelle

Der Totentanz

Der »danse macabre«, der Totentanz, ist eine Allegorie auf das Leben und den, im Vergleich zur Existenz des Universums, immer sehr nahen Tod. Der »Eppinger Totentanz«, von Friedbert Andernach 2002 an die Südseite der Katharinenkapelle gemalt, gleicht einer Art Comicstrip der Groteske. Zehn Meter lang und einen Meter hoch zeigt er Knochenmänner und halb verweste Menschen, die unter den verschiedensten Umständen aus dem Leben abberufen wurden. Im dunkelsten Mittelalter begann man mit solchen Totentanzbildern. Die Menschen versuchten, sich damit in einer Art Therapie von den Schrecknissen, die Epidemien jeglicher Art hinterließen, zu erholen. Um 1350 wurde im Würzburger Bilderbogen erstmalig eine Totentanzszene illustriert. Sätze wie »Kaum die Welt betrit der Knab, lockt ihn der Tod schon in das Grab« haben gewiss den Vorteil des Reimes auf ihrer Seite, wirklich erbaulich sind solche Sentenzen aber nicht.

Vieles um die Totentänze liegt auch heute noch im Dunkel der Geschichte. Fakt aber ist, dass nach verheerenden Pestepidemien die wenigen Überlebenden wilde Freudentänze aufführten und in eine exzessive Vergnügungs- und Genusssucht verfielen. Seriöse Quellen belegen, dass speziell nach überwundenen Seuchen die Menschen in den Städten und Dörfern bemerkten, wie schnell das Leben vorüber sein kann. Und dass das für sie bedeutet, nun das Leben in all seinen Facetten gründlich zu genießen. Auch das thematisiert ein »Totentanz-Bilderbogen«.

Aber noch etwas drückt ein solches Gemälde aus: den egalisierenden Aspekt des Todes. Ob König oder armer Bauer – im Totenhemd sind wir alle gleich. Das Totentanzbild beruhigte auch die untersten Schichten der Gesellschaft, denn es drückte eindringlich aus, dass dem Tode eine allgemeine Gerechtigkeit folgt. Oder wie drückt es der nette Zweizeiler auf einer Grabinschrift aus: »So ist es recht, hier liegt der Herr neben dem Knecht.«

Adresse Kirchgasse, 75031 Eppingen | **ÖPNV** Linie S 4 bis Bahnhof Eppingen. Von dort halten Sie sich rechts und gehen dann am Kreisel links den Altstadtring entlang, bis Sie links in den Parkweg einbiegen können. Nach der Überquerung der Altstadtstraße erreichen Sie die Kirchstraße. Ihr Ziel ist dann auf der linken Seite. | **Pkw** B 293 über die Heilbronner Straße zum Bahnhof Eppingen fahren, von dort rechts halten, dann am Kreisel links den Altstadtring entlang, dann links in den Parkweg einbiegen. Nach der Überquerung der Altstadtstraße erreichen Sie die Kirchstraße. | **Tipp** »Museum Zeugnisse religiösen Volksglaubens«, Kirchgasse 6, geöffnet April–Okt. So 14–16.30 Uhr. Friedbert Andernach hat über Jahre diese Sammlung von Kruzifixen, Heiligenbildern und Wallfahrtsandenken zusammengetragen.

30__Der Mischtkrabb auf dem Marktplatz

Von Krebsen und Krähen

Szene: Ehepaar, Alter eher »50 plus« als »Quarterlife«. Ort der Handlung: Lebensmittelmarkt, irgendwo in Küstennähe zwischen Husum und Glückstadt/Schleswig-Holstein, Käsetheke, sehr viel Andrang, Ehepaar in der Mitte der Schlange. Tatzeit: 21. Jahrhundert, gegen Mittag. Dialog: »Ziemlich voll hier.« − »Ja.« − »Na ja, is ja Urlaub − nachmittags geht's wieder an den Strand.« − »Ja.« − »Hoffentlich fliegen die Krabbe nicht wieder so tief!« (Dialog im Kraichgauer Dialekt, hier synchronisiert, das Buch soll auch im Ruhrpott und Garmisch-Partenkirchen verstanden werden.)

Dies ist der Moment, in dem der Normal-Nordseeurlauber merkt, dass er äußerste Beachtung in der einheimischen Bevölkerung findet. Denn nachdem das Wort »Krabbe« gefallen ist − in Kombination mit dem Verbum »fliegen« − konzentriert sich alle Aufmerksamkeit auf den Besucher aus der Region Südhessen/Nordbaden. Der aufmerksame Leser hat nun natürlich schon scharf kombiniert und ist der Lösung des Käsethekenaufstandes ziemlich nahe. Denn was für den Norddeutschen sein Kurzschwanzkrebs ist für den Süddeutschen sein Rabe oder seine Krähe.

Auf dem Eppinger Marktplatz, schräg gegenüber dem Eppinger Rathaus, steht nun so ein »Mischtkrabb«, so eine »Mistkrähe«. Keck, flügelschlagend, anscheinend laut krächzend und sympathisch. Die Symbolfigur der Eppinger begleitet heute die fastnächtliche Hexenzunft. Zwischen Narrenhäs − also einem traditionellen Narrenkleid, das aufwendig in Handarbeit gefertigt wird und von einer handgeschnitzten Maske gekrönt ist − ist der »Krabb« eine feste Figur. Selbst ausgewiesene Fastnachtsverweigerer, die dem »Humbahumbatätterä«- oder »Alaaf«-Karneval nichts abgewinnen können, sind fasziniert von dem alljährlichen Spektakel des nördlichen Ausläufers der schwäbisch-alemannischen Fasnet.

Adresse Marktplatz, 75031 Eppingen | **ÖPNV** Linie S 4 bis Bahnhof Eppingen | **Pkw** Von der B 293 über die Heilbronner Straße zum Bahnhof Eppingen fahren. Von dort links in die Bahnhofstraße bis zur Brettener Straße laufen, dann liegt Ihr Ziel links. | **Tipp** Am Pfingstdienstag findet das »Kuckucksholen« in Eppingen-Mühlbach statt. Mit dem Kuckuckswagen geht es zum Kuckuckessen und -trinken – und am nächsten Tag gibt es Kuckucks-Aspirin!

31_Die Eppinger Linien

Ein Hoch auf den Türkenlouis

Zum »Orléanschen Krieg« – dem »Pfälzischen Erbfolgekrieg« – kam es, wie bei so manch anderen kriegerischen Auseinandersetzungen, weil der eine wieder mal das Wort nicht hielt, welches er einem anderen gegeben hatte. Sonnenkönig Ludwig XIV. erhob 1680, also gleich nach dem Tod des Kurfürsten von der Pfalz, Karl I. Ludwig, Ansprüche auf Gebiete der Kurpfalz, obwohl im Ehevertrag zwischen seinem Bruder Philippe von Orléans und dessen Gattin Elisabeth Charlotte, der Liselotte von der Pfalz, festgehalten wurde, dass Frankreich keinerlei Ansprüche auf kurpfälzisches Gebiet erheben würde. Nach jahrelangem Hin und Her, diplomatischen Protestnoten und endlosem Politikerpalaver kam es 1689 zu dem verhängnisvollen französischen Befehl, zahlreiche Städte und Dörfer im Rhein-Neckar-Raum zu zerstören. Ganz schlimm kam es für unsere Region im Jahr 1692. Französische Truppen gewannen die »Schlacht bei Ötisheim« und brannten die Stadt nieder. Damit nicht genug: Unter anderem fielen der Zerstörungswut auch Städte wie Pforzheim, Knittlingen und Bretten sowie Dörfer wie Lienzingen oder Kieselbronn zum Opfer.

Nach all diesen Zerstörungen war es an Kaiser Leopold zu handeln. 1693 übergab er das Oberkommando der Truppen am Oberrhein an Ludwig Wilhelm von Baden, den alle, nachdem er 1683 die Stadt Wien vor dem Osmanenheer des Großwesirs Kara Mustafa Pascha gerettet hatte, nur noch den »Türkenlouis« nannten. Ab 1695 ließ dieser nun zwischen Neckargemünd und Pforzheim eine fast 90 Kilometer lange Verteidigungsanlage bauen – die Eppinger Linien, die den Kraichgau zwischen Odenwald und Schwarzwald vor weiteren Einfällen der feindlichen Truppen schützen sollten. An den Ausfalltoren dieser Verteidigungslinie standen Chartaquen, oder nehmen wir die originale ungarische Schreibweise »Tschartake«, also turmartige Wachhäuschen, die mit Geschützen und einer ständigen Mannschaft belegt waren.

Adresse 75031 Eppingen-Kleingartach | **Pkw** Von Kleingartach Richtung Eppingen fahren. Sobald Sie den Wald erreicht haben, achten Sie auf den Parkplatz auf der linken Seite. | **Tipp** »Höhengaststätte Leinburg«, an der L 1110. Die Gaststätte mit dem Charme der 1960er Jahre und einem vorzüglichen »Strammen Max«.

32__ Die Kirschblüte

Schneeweiß, so weit das Auge blickt

Wie in so vielen Gemeinden der Region liegt das Hauptaugenmerk der Erligheimer Landwirtschaft auf dem Weinbau. Urkundlich nachgewiesen ist die Anpflanzung von Reben schon seit etwa 1290. Doch macht der Wein nur zwei Drittel des landwirtschaftlichen Ertrages aus, das letzte Drittel gehört den Kirschen. Denn die Erligheimer sind stolze Inhaber des größten geschlossenen Kirschenanbaugebietes im mittleren Neckartal. Wie kam's?

Der Reichsarbeitsdienst, jene unheilige Errungenschaft der Nationalsozialisten aus dem Jahr 1935, war schuld. Er ließ 18- bis 25-jährige männliche Jugendliche (für Frauen war der Dienst freiwillig) unter dem Motto »Mit Spaten und Ähre« in Arbeitskolonnen durch die Lande ziehen und unter anderem Ackerland kultivieren. 1936 und 1937 wurden auf diese Weise in Erligheim knapp fünf Hektar Land für die Anpflanzung der Bäumchen vorbereitet. Dazu gab man in dieser Zeit den Einwohnern Erligheims die Gelegenheit, sieben Bäume für 80 Reichsmark zu erwerben. Für einen weiteren Abschnitt wurden dann nach dem Krieg nochmals vier Hektar Wald gerodet. Heute ist die Erligheimer Kirschblüte mit über 1.000 weiß blühenden Bäumen in der zweiten Aprilhälfte eines jeden Jahres ein Anziehungspunkt der besonderen Art.

Kirschblütenzeit ist in manchen Ländern eine symbolhafte, mythenschwangere Zeit. Speziell in Japan gilt die Blüte des Yoshino-Kirschbaums als Sinnbild für die Schönheit, aber auch für die Vergänglichkeit des Lebens. Meist Ende März beginnt für die Japaner die Zeit des »Hanami« (was wörtlich erst einmal einfach nur »Blüten betrachten« bedeutet), des »Kirschblütenfestes«. Man feiert in der Regel zehn Tage mit Freunden, Bekannten und der Familie und verabschiedet sich von der winterlich kalten Zeit. So auch der Erligheimer. Das Kirschblütenfest in der Gemeinde Ende April ist ein fester Termin im jährlichen Veranstaltungskalender und unbedingt zu empfehlen.

Adresse Gewann Vogelsang, 74391 Erligheim | **Pkw** in Erligheim Richtung Freudental fahren, im Wald geht es dann in einer scharfen Linkskurve rechts ab, nach circa 200 Metern beginnt das Gewann Vogelsang | **Tipp** Die geführten Wanderungen durch die NABU-Ortsgruppe. Infos bei Erich Joos, Tel. 07143/22367.

33__ Das Stutendenkmal
Das Lieblingspferd des Königs

Friedrich I. von Württemberg hätte ein Beiname wie etwa »der Prächtige« durchaus gut gestanden. Einige Porträts des Herrschers zeigen ihn mit einem gewaltigen Embonpoint. Das hat wohl Kaiser Napoleon auch zu dem Satz bewogen, Friedrich sei der lebende Beweis dafür, wie weit sich menschliche Haut ausdehnen könne. Diesen kräftigen Mann also sollte ein Pferd alleine tragen? So ein Tier konnte auf keinen Fall ein normales Ross sein – und das war »Helene« dann auch nicht. Sie war kraftstrotzend, bärenstark und überdurchschnittlich kräftig gebaut. Den gewaltigen Klops von König trug sie ohne erkennbare Mühe – und als Majestät so dick war, dass selbst eine Aufstiegshilfe in Richtung Pferderücken nichts mehr half, kniete sich »Helene« einfach hin und ließ den König aufsitzen. Als das Lieblingspferd Friedrichs 1812 starb, ließ er einen Gedenkstein errichten: das Stutendenkmal.

Friedrich I. war der erste König von Württemberg und alles andere als ein umgänglicher Mensch. Das musste auch Napoleon einsehen, der ihn 1805 in der Residenz Ludwigsburg besuchte. Erst nach mehreren Gesprächen und einigen ausgedehnten Mahlzeiten hatte der französische Kaiser den Württemberger so weit, dass dieser dem Rheinbund beitrat. Dass das der größte Fehler seines Lebens war, sah Friedrich erst spät ein. Denn das Bündnis mit den Franzosen beinhaltete auch die württembergische Teilnahme an dessen folgenschwerem Russlandfeldzug. Über 10.000 Soldaten aus dem Württemberger Land verloren dabei ihr Leben.

Dennoch behielt Friedrich zeitlebens eine besondere Affinität zu allem, was französisch war. So wurde seine Sommerresidenz in Ludwigsburg nach Pariser Vorbild im klassizistischen Stil ausgebaut; auch das Stuttgarter Residenzschloss blieb von der Baulust des Königs nicht verschont. Besonderes Augenmerk legte er auch auf die Schlossgärten – sie waren ideal für einen Ausritt mit Helene, diesem »cheval royal extraordinaire«.

HELENE

SCHIMMEL STUTE
GEBOHREN AUF DEM
DOBEL 1785
GERITTEN VON DEM
HERZOG FRIEDRICH
EUGEN
UND VON
FRI

Adresse Stutenweg, 74392 Freudental | Pkw von Hohenhaslach kommend links in die Gartenstraße einbiegen, an deren Ende rechts in den Gaisgraben, hier beginnt links der Stutenweg, welcher ausschließlich ein Wanderweg ist | Tipp Viele Wanderwege führen am Denkmal vorbei – interessant ist unter anderem der »Württembergische Weinwanderweg«.

34_ Der Schlosspark

Die Herren von Gemmingen

Kennen Sie Hans den Kecken? Nein? Na ja, man kann halt nicht jeden kennen. Doch der kecke Hans wäre schon eine Bekanntschaft
wert. Also rein in den Time Tunnel – Sie erinnern sich? 1966, US-
Science-Fiction-Serie mit James Darren und Robert Colbert, aber das
ist eine andere Geschichte – und zurückbeamen so etwa in das Jahr
1450. Zu der Zeit befinden wir uns in der Hochzeit des Rittertums,
und der Keckhans war ein stolzer Krieger – dass er auch Schlag bei
Damen hatte, lässt sein Beiname mehr als nur vermuten.

Hans entstammte dem Adelsgeschlecht der Gemminger. Die sind,
laut dem »Gotha« oder korrekterweise dem »Genealogischen Hand-
buch des Adels« – also der Bibel, die grundsätzlich darüber entschei-
det, wer nun zur oberen Noblesse gehört und wer eben nicht –, in gesicherter Stammreihe nachweisbar seit den Zeiten eines frühen Hans
von Gemmingen. Der war seit 1259 kaiserlicher Vogt in Sinsheim,
und so bekamen auch viele seiner Nachkommen führende Stellun-
gen in den Fürstenhäusern, unter anderem in Schwaben, Franken
und am Rhein. Linien derer zu Gemmingen gibt es einige. Da hätten wir einmal die Gemmingen-Guttenberger Linie und die der
Gemmingen-Hornberger, wir kennen die Familie Gemmingen-
Steinegg und die der Gemmingen-Michelfelder. Dazu kommt noch
in dritter Linie die derer zu Neckarzimmern und Bürg – summa
summarum: Der Stammbaum der Gemminger ist auch für gewiefte
Genealogen eine Herausforderung, aber auch ein Rendezvous mit
einigen der interessantesten Charakteren der Weltgeschichte.

Der Schlosspark am Stammsitz der Herren von Gemmingen ist
heute allgemein zugänglich. Angelegt nach den Grundprinzipien der
englischen Gartenbaukunst, dem Gegenteil von der sonst in Schlossgärten gepflegten geometrischen Landschaftsgestaltung, ist der Garten ein Refugium der Ruhe und Inspiration – und ein Ort, der in
den Sommermonaten gerne für Veranstaltungen jedweder Art ge-
nutzt wird.

Adresse Eppinger Straße, 75050 Gemmingen | **Pkw** von der B 293 in die Schwaigerner Straße einbiegen, danach links in die Eppinger Straße | **Tipp** Elsenzer See, Seestraße, 75031 Eppingen-Elsenz. Ein Spaziergang auf der Seepromenade – etwas für Romantiker.

35_ Die Tabakscheune

Rauchen schadet Ihrer Gesundheit

Jawoll! Sie haben uneingeschränkt recht! – Jawoll! Ich mache meine Kippe ja schon aus!

Natürlich wissen wir, dass Rauchen schädlich ist und dass es stinkt. Aber, mit Verlaub, diese militanten Gesundheitsapostel und Nichtraucher gehen einem auch schon mal gewaltig auf die Nerven. Dabei ist das Rauchen eine uralte Tradition – brachte doch schon Christoph Kolumbus die Tabakpflanze Nicotiana tabacum mit nach Hause und begründete damit den Tabakanbau in der alten Welt.

Die Zigarre hielt ihren Siegeszug in die Männerwelt im 19. Jahrhundert, auch der Kau- sowie der Schnupftabak kamen in Mode, nur die Zigarette konnte sich zu dieser Zeit nicht durchsetzen – deren große Zeit sollte erst nach dem Ersten Weltkrieg beginnen. Der Tabakanbau und die Gründung von Zigarrenfabriken in und um Gemmingen und in anderen Orten brachten der Region einen gewissen wirtschaftlichen Aufschwung. Die geernteten Tabakblätter mussten getrocknet werden, und da kommen die Tabakschuppen ins Spiel. Tabak enthält nach der Ernte enorm viel Wasser, das in den Schuppen nach dem Prinzip der Lufttrocknung verdunstet wird. Auf die Idee, diese Art von »Trockenhäusern« zu errichten, kam man in den 1830er Jahren. Mancher Tabakhändler beklagte den schlechten Zustand der Rohware Tabak, meist war er zu feucht und verdarb sehr schnell. Daher baute man die Schuppen, in denen es nun möglich war, die Blätter bündelweise aufzuhängen und so breit auszufächern, dass sie sich während der Trockenphase nicht berührten. Die Wandverkleidung an den Traufseiten der Remisen war nahezu über die gesamte Fläche mit schmalen und drehbaren Holzlamellen versehen, sodass eine gute Durchlüftung garantiert war und die Tabakblätter nicht faulten. Die Zigarrenfabriken der Gegend drehten dann aus den Blättern das Statussymbol des erfolgreichen Mannes. Dass Rauchen im 21. Jahrhundert so populär sein würde wie etwa Hunde treten, ahnte damals wohl noch niemand.

Adresse Zum Schützenhaus, 75050 Gemmingen-Stebbach | **Pkw** von der B 293 in Richtung Richen abfahren, an der 2. Ortseinfahrt Stebbach steht die Scheune auf der linken Seite | **Tipp** Das Heimat- und Tabakmuseum in Eppingen-Elsenz, Sinsheimer Straße 8, geöffnet Mai – Okt. jeden 1. Sonntag im Monat 14 – 16 Uhr. Nach dem Besuch freut man sich richtig auf eine kleine Zigarette.

36__Am Grab der Josephine Benz

DRP Nr. 37435: Benz-Patentmotorwagen Nummer 1

Gut 100 Kilometer in 13 Stunden!

Obwohl es in den Ballungsräumen des Kraichgaus zu Stoßzeiten immer wieder mal Staus von beeindruckender Länge gibt – etwas geschwinder schafft man heutzutage die Strecke zwischen Mannheim und Pforzheim schon.

Für Bertha Benz und ihre Söhne war hingegen diese Strecke im August 1888 ein gewaltiges Abenteuer. Ehemann und Vater Carl Benz – der sich lange Zeit nach guter deutscher Manier Karl schrieb und sich erst später für das anscheinend elegantere Carl entschied – hatte 1886 einen Motorwagen nach Art eines Dreirades patentieren lassen. In den nächsten drei Jahren entstehen ebenso viele Versionen dieses Fahrzeuges. Erste Probefahrten mit diesen Vehikeln endeten regelmäßig an der Fabrikmauer des Firmengeländes. Nachdem sich mit Modell drei die Anfangsschwierigkeiten relativiert hatten, wagte Carl Benz erste kurze Ausfahrten auf der Ringstraße zu Mannheim – immer begleitet, im gemäßigten Walkingschritt, von Sohn Eugen mit einer Flasche Benzin in der Hand. Da das rasante, 18 Stundenkilometer schnelle Fahrzeug nicht allgemeine Zustimmung fand und man seinen Erfinder für einen Spinner hielt, wagte Gattin Bertha Benz 1888 ihre berühmte erste Ausfahrt – eine Werbetour für das dreirädrige Gefährt. Alles andere ist Geschichte, der Siegeszug des Automobils ließ sich nicht mehr aufhalten. Bertha Benz – deren Fahrt man heute auf der nach ihr benannten »Memorial Route« nachfahren kann – starb hochbetagt im Jahr 1944.

Für den Pionier Carl Benz, der früh seinen Vater verlor, hatte seine Mutter Josephine zuerst eine solide Beamtenlaufbahn vorgesehen, doch nachdem Carl sich für ein Ingenieurstudium entschieden hatte, unterstützte sie ihn mit ihrer schmalen Witwenpension, so gut es ging. Dass ihr Sohn am 1. August 1888 den weltweit ersten Führerschein ausgestellt bekam, erlebte sie nicht mehr. Josephine verstarb am 12. März 1870 in Gondelsheim.

Adresse Friedhof Brettener Straße, 75053 Gondelsheim | **Pkw** Auf der B 35 von Bruchsal kommend die 1. Einfahrt nehmen zur Bruchsaler Straße, diese wird dann zur Brettener Straße. Hier liegt der Friedhof dann rechts. | **Tipp** Die Bertha-Benz-Fahrt wird im Mehr-jahresrhythmus ausgeführt. Infos unter www.bertha-benz-fahrt.de.

37 _ Die Skulpturengruppe am Rathaus

»Einigkeit macht stark – Persil bleibt Persil«

Da stehen sie im grellen Sonnenlicht, diese fünf Pilzköpfe. »Könnten die Flippers sein«, meint eine Bustouristin und erntet erst mal Unverständnis von ihren Mitreisenden. Doch so unrecht hat die Dame gar nicht. Eine gewisse Ähnlichkeit mit jener frühen Boygroup, der der deutsche Schlager so unsterbliche Titel wie »Die rote Sonne von Barbados«, »Weine nicht, kleine Eva« oder »Jenny weint oft« verdankt, hat das Monument schon. Und wenn man dann noch bedenkt, dass der Gründungsort der Band Knittlingen ist und der Frontmann Manfred Durban aus Ölbronn stammt – also alles Orte nur einen Steinwurf von Güglingen entfernt –, dann hat die Assoziation des Altfans durchaus ihre Berechtigung. Und ist dennoch falsch.

Der Bildhauer Guido Messer hat die Skulpturen geschaffen, die in die Sonne blinzeln, trotzig ihre Arme verschränken und selbstbewusst verkünden: »Einigkeit macht stark – Persil bleibt Persil.« Wie bei so vielen Dingen, die als moderne Kunst daherkommen, könnte man erst mal glauben, hier handele es sich mal wieder um eine Großausgabe des beliebten Spiels namens »Publikumsverarsche«. Doch dafür sind die Skulpturen zu professionell gemacht, und der Titel geht, gelesen mit satirischem Unterton, dann doch irgendwie in Ordnung. Denn die Satire liegt dem Künstler Messer, eine Zeitung titelte einmal: »Immer Messerscharf und mit mildem Spott«. Seine Werke haben häufig eine politisch-kabarettistische Aussage, eine Aussage, die sich dem Betrachter oft erst nach mehrmaligem Hinsehen erschließt. Werke wie »Der Schwätzer«, »Hund im Würfel« oder »Kröte auf Kissen« sind echte Hingucker mit hohem Ironiepotenzial.

Guido Messer wurde 1941 in Buenos Aires geboren und lernte dann von 1958 bis 1961 Goldschmied in Pforzheim. Nach abgeschlossener Lehre und einem Studium der Bildhauerei ist er seit 1982 als freischaffender Künstler tätig.

Adresse Marktstraße 19–21, 74363 Güglingen | **Pkw** Von Brackenheim kommend, steht die Skulptur am rechten Straßenrand der Durchgangsstraße. | **Tipp** Römermuseum Güglingen, Marktstraße 18, geöffnet Mi–Fr 14–18, Sa, So, feiertags 10–18 Uhr. Über 300 Quadratmeter Römer pur – planen Sie mehrere Stunden für den Museumsbesuch ein.

38_ Der Alte Friedhof

Grab der Lisette Kornacher – das »Ur-Käthchen«

Heinrich von Kleist selbst beschrieb sein großes historisches Ritter-schauspiel »Das Käthchen von Heilbronn oder die Feuerprobe« als »die Kehrseite der Penthesilea, ihr anderer Pol, ein Wesen, das ebenso mächtig ist durch gänzliche Hingebung als jene durch Handeln«. Aha! Der Kleist'sche Satz erzwingt nun gerade eine Kurzfassung des »Käthchens«.

Ort der Handlung: Schwaben, irgendwann im späten Mittelalter. Personen: mehrere Grafen, eine Kunigunde und eben »Käthchen«, ein vermeintliches Bürgerkind. Handlung: Verwicklungen und Miss-verständnisse ohne Ende, Anfeindungen jeder gegen jeden, Gefahren auf jeder Textseite, nach fünf Akten Auflösung der manchmal schon verwirrenden Handlungsstränge. Das Stück, uraufgeführt im März 1810 im Theater an der Wien, setzte sich anfänglich nicht recht beim Publikum durch, viele Kritiker empfanden es als nicht theaterfähig. Das änderte sich erst, nachdem es nach dem Tod von Kleist 1811 mehrmals überarbeitet wurde. Gestrafft und mit poin-tierten Dialogen versehen wurde das Stück ab den 1820er Jahren ein enormer Bühnenerfolg. Das Käthchen aber hätte auch »von Heidel-berg« oder »von Bad Wimpfen« heißen können, denn eine direkte Verbindung von Kleist und Heilbronn gibt es nicht. Bis auf die – von vielen Literaturkennern aber abgelehnte – Legende, dass das Vor-bild für das »Käthchen« die Heilbronner Bürgermeisterstochter Eli-sabetha Gottliebin (Lisette) Kornacher war. Deren Krankenge-schichte könnte Kleist aufgeschnappt haben, um sie im »Käthchen« zu verarbeiten. Lisette verfiel nämlich im pubertierenden Alter im-mer wieder in »somnambule Zustände«, die ein Arzt mit tierischem Magnetismus zu heilen versuchte – dies zeigt schon, warum dem »Käthchen«-Stoff anfänglich kaum Erfolg beschieden war. Sei es drum – Heinrich von Kleist nannte sein Stück »Das Käthchen von Heilbronn« und gab damit der Stadt einen unsterblichen Platz in der Weltliteratur.

Adresse Weinsberger Straße, 74072 Heilbronn | **Pkw** A 6 Ausfahrt 37 »Heilbronn/Neckarsulm«, auf der B 27 Richtung Heilbronn zur Innenstadt fahren und dann dem Linksschwenk Richtung Weinsberg, den die B 27 macht, folgen. Anschließend rechts in die Gartenstraße zur Parkplatzsuche abbiegen. Ihr Ziel liegt noch circa 100 Meter weiter auf der rechten Seite. | **Tipp** Kleist-Archiv Sembdner, Berliner Platz 12. Mehr über Kleist, von Kleist und um Kleist herum gibt es nicht.

39_ Der Bahnhof

Nicht nur Mr. Tarantino

Natürlich finden wir Christoph Waltz fabelhaft. Und natürlich hat er seine zwei Oscars vollkommen zu Recht erhalten. Besonders fabelhaft ist er auch in Quentin Tarantinos Western »Django Unchained« als Zahnarzt Dr. King Schultz aus Düsseldorf. Das alles berechtigt aber doch nicht zu dpa-Pressemeldungen mit so peppigen Headlines wie »Waltz und Tarantino machen Düsseldorf weltberühmt«, um dann gleich noch im Text zu schlussfolgern, da man ja im Film mehrfach die Stadt am Rhein erwähnt, hätte die nun Busladungen von Touristen zu erwarten, die alle wegen des »Django«-Films in Richtung Kö aufbrechen.

Wir hier in Heilbronn am schönen Neckarstrande halten da aber locker mit, und außerdem haben wir sogar zwei gestandene Hollywood-Stars auf unserer Seite: Robert Downey jr. und Jude Law. Aber alles der Reihe nach:

In Guy Ritchies zweiter Conan-Doyle-Verfilmung aus dem Jahr 2011, »Sherlock Holmes – Spiel im Schatten«, ist es nach etwa 70 Minuten ganz deutlich zu hören: Holmes und Watson nehmen den Zug nach Heilbronn, denn da steht die Waffenfabrik, die dem Oberbösewicht Professor Moriarty die Geschütze für seine verbrecherischen Unternehmungen liefert. Ein paar Szenen weiter wird die Stadt dann nochmals auf einer Landkarte an prominenter Stelle gezeigt. So, und nun warten wir hier in Heilbronn ebenfalls auf die Busse mit kinematografisch vorgebildeten Touristen.

Diese müssten dann unter anderem ja, wie John Watson und Sherlock Holmes, am Bahnhof der Käthchenstadt ankommen, der nach seiner Zerstörung 1945 im Stil der Zeit in den Jahren zwischen 1956 und 1959 wiederaufgebaut wurde – sicher keine architektonische Schönheit, doch so manche Ecke hat noch den Charme der Fifties bewahrt. Wenn man sich vorstellen mag, wie das ganze Ensemble Anfang des 20. Jahrhunderts ausgesehen hat, sollte man sich das benachbarte ehemalige Postgebäude von 1906 ansehen.

Adresse Bahnhofstraße, 74072 Heilbronn | **Pkw** Von der B 293 in die Weststraße einbiegen. Die Weststraße endet am Bahnhofsvorplatz. | **Tipp** Süddeutsches Eisenbahnmuseum Heilbronn, Leonhardstraße 15, geöffnet März−Okt. Sa, So, feiertags 10−18 Uhr, Nov.−Feb. Sa 11−16 Uhr. Ob Dampfloks, Dieselloks oder E-Loks, hier schlägt das Herz des Railway-junkies höher.

40__ Die Fleiner Straße und der Kiliansplatz

Der deutsche George Gershwin – Rio Gebhardt

Samstag, 24. Juni 1944. Die Tagesmeldungen: »Der deutsche Reichs-außenminister Joachim von Ribbentrop besucht den finnischen Staatspräsidenten Risto Heikki Ryti und sagt weitere Waffenhilfe zu, falls Finnland Friedensverhandlungen mit der UdSSR ablehne« stop »Britische und chinesische Truppen dringen in die Stadt Mogaung ein; an der Operation beteiligen sich auch alliierte Luftstreitkräfte« stop »Thomas Mann bekommt die Bürgerrechte der USA verliehen« stop »Der Komponist Rio Gebhardt fällt an der Ostfront« stop.

Dass Rio Gebhardt Heilbronner von Geburt wurde, ist wohl eher dem Zufall zu verdanken. Rios Eltern gastierten gerade, man schrieb das Jahr 1907, im »Saalbau Kilianshallen« in der Fleiner Straße zu Heilbronn. Rio selbst wurde dann vom Vater zum musikalischen Wunderkind aufgebaut. Der hübsche Bursche, blond gelockt und mit einem Engelsgesicht gesegnet, begeisterte mit einem – seiner Kindergröße angepassten – Dirigentenstab das Publikum. Doch Gebhardt war nicht nur ein putziges Ausstellungsstück, er hatte wahrlich ein enormes musikalisches Potenzial zu bieten. Ob er wirklich zum »deutschen Gershwin« getaugt hätte, bezweifelt zwar heute so mancher Musikhistoriker – dennoch: Sein »Paprika-Fox« von 1936 oder das 1932 entstandene »Concert in Es« für Klavier und Jazz-Orchester finden heute noch begeisterte Fans.

Doch Rio Gebhardt erreichte nie die Popularität eines Peter Kreuder, Franz Grothe oder Michael Jary. Diesen prominenten Orchesterleitern und Komponisten wird die lebensrettende »uk«-Stellung, die Unabkömmlichkeitsbescheinigung für den Arbeitsplatz, bescheinigt, Rio Gebhardt wird dieser Status verweigert. Der Musiker wird nach Russland abkommandiert, erhält zwar erst einen ruhigen Posten in der Etappe, muss aber dann ab Juni 1944 an die Front, wo er am 24. Juni 1944 fällt.

Adresse Fleiner Straße, 74072 Heilbronn | **Pkw** A 81 Kreuz Weinsberg zur A 6 Richtung
Mannheim, Ausfahrt 37 Heilbronn/Neckarsulm, über die B 27 in die Innenstadt | **Tipp**
Das Geburtshaus von Wilhelm Waiblinger, Freund und Bewunderer Hölderlins, mit der
Gedenktafel in der Schützenstraße 16. Als Vorbereitung zum Besuch ist der Roman
»Waiblingers Augen« von Peter Härtling zu empfehlen.

41 __ Der Gottlob-Frick-Platz

Der »Sängerfürst« hat den »schwärzesten Bass«.

Giuseppe Verdis Oper in fünf Akten »Die sizilianische Vesper« ist, obwohl selbst vom Komponisten als eher schwächeres Werk eingestuft, ein Festmahl für jeden Bassisten. Vor allem die Szene des Giovanni da Procida mit »O mein Palermo« liebten und lieben die großen Sänger und so auch Gottlob Frick.

Geboren wurde Frick 1906 in Ölbronn als jüngstes Kind eines Försters – und damit hat man auch schon gleich den Brückenschlag zu der hübschen Anekdote, wie das Gesangstalent des jungen Gottlob entdeckt wurde. Es soll während einer Treibjagd gewesen sein. Der Förstersohn war als Treiber mit dabei, und wer schon jemals eine solche Jagd mitgemacht hat, weiß, dass die Jagdtreiber angehalten sind, den Schützen das Wild schussgerecht vor die Schrotflinte – ja eben – zu »treiben«. Über die Jahre hat denn solch ein Jagdgehilfe auch seine ureigene Technik entwickelt, um seinen Job gut zu machen. Die einen rufen beständig und laut »hulalalala« und schlagen mit einem Stock immer wieder auf das Unterholz, andere wiederum schwören auf den, leicht stakkatohaft vorgetragenen, Lockruf »nunkommnunkommschonraus«, um den Hasen oder den Fasan aufzuschrecken. Ganz anders Gottlob Frick. Schon als Jugendlicher mit einem beeindruckenden Bass ausgestattet, sang er während der Jagd den Schützen das Wild gleichwohl vor die Flinte, und auch nach der Hatz, beim gemütlichen Beisammensein unter den Waidkollegen, sang er so außergewöhnlich, dass man ihm riet, sich in Stuttgart an der Staatsoper zu bewerben.

Der weitere Lebensweg des großen Gottlob Frick ist gespickt mit Superlativen. Über Königsberg, Dresden und die Städtische Oper Berlin führte ihn sein Weg als Wagnerischer »Basso profundo« nach London in die Covent Garden Oper oder nach New York an die Metropolitan Opera. Die 1995 gegründete Gottlob-Frick-Gesellschaft pflegt das Oeuvre des Meisters, 1997 wurde im Geburtsort des Sängers eine Gedächtnisstätte eingeweiht.

Adresse Gottlob-Frick-Platz, 74072 Heilbronn | **ÖPNV** Bus 61, Haltestelle Cäcilienstraße, von dort rechts in die Straße Am Wollhaus abbiegen und dann links in die Steinstraße, diese Straße führt direkt auf den Gottlob-Frick-Platz | **Pkw** von der B 27, Abschnitt Südstraße, in die Uhlandstraße einbiegen, nach etwa 200 Metern kommt der Gottlob-Frick-Platz | **Tipp** Der Heilbronner Trollinger-Marathon. Dass man den Trollinger erst nach dem erfrischenden Marathon zu sich nimmt, bedarf keiner besonderen Erwähnung. Infos unter www.trollinger-marathon.de.

42 Der Hafen

Neckarprivileg

1333 ist voller prägnanter Schlagzeilen. Die Schlacht bei Halidon Hill gilt als die letzte und blutigste im Unabhängigkeitskrieg der Schotten, in Japan wird das Kamakura-Shogunat gestürzt, und in Krakau stirbt Wladyslaw I. Ellenlang, König von Polen. Dies alles aber war nicht Thema in Heilbronn, hier interessierte im Moment nur die Einrichtung des »Neckarprivilegs« durch Kaiser Ludwig den Bayern. Da der Neckar zu dieser Zeit einen anderen Verlauf nahm – der Hauptarm führte am heutigen Stadtteil Böckingen vorbei, durch Heilbronn selbst floss nur ein unbedeutender Seitenarm –, gestattete der König dem Heilbronner Magistrat die Aufstauung des Flusses, um diesen nahe an die Stadt zu führen. Dies hatte zur Folge, dass die angelegten Stauwehre es Schiffen fast unmöglich machten, den Fluss weiter zu befahren. Gleichzeitig mit diesem Privileg erfolgte noch die Ausrufung eines sogenannten Stapelmonopols. Alle Waren, die auf dem Neckar transportiert worden waren, mussten im Ratskeller »aufgestapelt« werden. Kaufleute hatten dann die Möglichkeit, als Erste auf diese meist kostbaren Waren zuzugreifen, was wiederum zur Folge hatte, dass die Wirtschaft in der Stadt einen kolossalen Aufschwung nahm.

Heute gehört der Heilbronner Hafen zu den größten Binnenhäfen der Republik. Wie in anderen Industriehäfen auch werden in Heilbronn mehrheitlich Massengüter wie Kies, Kohle oder Mineralöle umgeschlagen. Laut den Zahlen des Statistischen Bundesamtes wurden im Jahr 2011 annähernd vier Millionen Tonnen Güter verladen und verschifft – beachtlich bei einer Kailänge von 7,5 Kilometern und einer Gesamtfläche von etwa 80 Hektar. Mit Schiffen mit so klingenden Namen wie »Trollinger« oder »Neckarperle« werden Hafenrundfahrten und Kurzreisen auf dem Fluss veranstaltet. Die wohl scherzhaft gemeinte Frage, wann denn die Seehundbänke endlich in Sicht kämen, quittiert der Skipper nur mit einem müden Lächeln.

Adresse Hafenrundfahrten ab Friedrich-Ebert-Brücke, 74072 Heilbronn | **ÖPNV** Bus 603, 651, 661, 662, 681, 683, Haltestelle Hauptbahnhof, oder mit den DB-Linien 706, 780. Wenn Sie das Bahnhofsgebäude verlassen, wenden Sie sich auf der Bahnhofstraße nach links, überqueren den Kreisel und die Brücke, gleich rechts liegt die Schiffsanlegestelle. | **Pkw** von der B 27 in die Allee einbiegen, dann rechts auf die Kaiserstraße fahren, diese führt über die Friedrich-Ebert-Brücke | **Öffnungszeiten** Fahrzeiten unter www.h3nv.de | **Tipp** Hafenmarkt – der Töpfermarkt existiert seit 1487, Sülmerstraße, 74072 Heilbronn. Ein Fest für alle Freunde des gepflegten Kunsthandwerkes.

43__ Die Brunnenregion

In jedem Dorf eine Zisterne

Wasserstellen waren für die Menschheit schon immer überlebenswichtig. Deshalb siedelte das Volk seit Urzeiten immer an jenen Plätzen, an denen Quellen vorhanden waren. Um das Quellwasser zu fassen, um es aufzufangen, wurden Brunnen gebaut, die über Jahrhunderte die Wasserversorgung der Dörfer und Städte sicherten. Heute sind Brunnen für die Existenz der Menschen zweitrangig, sie sind Ziergegenstände, die meistens aber einen das Ortsbild prägenden Charakter haben. Zur Brunnenregion im Übergangsgebiet vom Kleinen Odenwald zum Kraichgau gehören die Ortschaften Epfenbach, Neckarbischofsheim, Neidenstein, Reichartshausen, Waibstadt und Helmstadt-Bargen. Allen ist gemeinsam, dass sie innerhalb ihrer Ortschaften einen besonders vorzeigbaren Brunnen haben. Und das haben sie wirklich! Ein besonders schönes Exemplar steht auf dem Grund von »Hofgut Wasserschloss« in Helmstadt-Bargen, hübsch auch das »Brunnenwaible« auf dem Quell von Waibstadt.

Brunnen und Brunnengeschichten waren schon immer gespickt mit Mythen und Symbolen. In Ovids Metamorphosen taucht der Sohn einer Nymphe auf, der Namensgeber einer ganzen Sozialpsychologie wurde. Narziss löscht seinen Durst an einem Brunnen, entdeckt sein Spiegelbild und verliebt sich unsterblich darin. Auch im Märchen konnten und können Brunnen immer wieder reüssieren: »… die Alte schaute nur ein wenig in die Höhe, dann sprach sie: ›Jetzt ist es Zeit, Töchterchen, dass du hinausgehst, tu deine Arbeit.‹ Sie stand auf und ging hinaus. Wo ist sie denn hingegangen? Über die Wiese und immer weiter hinaus ins Tal. Endlich kam sie zu einem Brunnen, bei dem drei alte Eichen standen …« Haben Sie die Mär erkannt? Genau! »Die Gänsehirtin am Brunnen« von den Gebrüdern Grimm.

Jeden einzelnen Brunnen der Region muss man entdecken, muss ihm seine Geschichte entlocken, hier am Rande des Kleinen Odenwaldes und den Ausläufern des Kraichgauer Hügellandes.

Adresse Hofgut Wasserschloss, Wasserschlossweg 18, 74921 Helmstadt-Bargen | **Pkw** von der Ortsmitte Helmstadt über die Asbacher Straße rechts in den Wasserschlossweg einbiegen | **Tipp** Der Erntemarkt in Helmstadt, immer am 3. Mittwoch im August, ist ein Jahrmarktsvergnügen mit einer langen Tradition – heiß geliebt und immer gut besucht.

44__ Die Ölmühle

Stempelpresse oder Schneckenpresse

Die Produkte der Mühle, seit 200 Jahren im Familienbesitz, sind vielfältig. Im Angebot finden sich Walnussöl, Kürbiskernöl, Mohnöl oder Sonnenblumenöl. Gepresst wird zum einen mit der historischen Stempelpresse und zum anderen mit der modernen Schneckenpresse.

Die moderne Variante der Presse ist speziell dafür geeignet, ölhaltige Substanzen zu gewinnen. Die Ölsaaten werden dabei so lange zusammengepresst, bis das Öl entweicht. Das Öl tritt aus einem Presszylinder aus, die Reste, der sogenannte Presskuchen, werden ausgeworfen. Eingesetzt wird die Schneckenpresse bei der Kaltpressung: Man muss – oder darf – keine zusätzliche Wärme zuführen. Auch der Presskuchen ist kein Abfallprodukt. Er findet als Futter- oder Düngemittel eine weitere Verwendung. Etwas anders arbeitet die Stempelpresse. Hier werden zum Beispiel Kürbiskerne, Haselnüsse oder Sonnenblumenkerne erst zerkleinert und dann gequetscht. Danach wird das Pressgut sanft erwärmt. Dadurch löst sich das Fett leichter, und die Presse drückt nun das reine Öl vorsichtig aus. Pflanzenöle sind in der Küche ein Grundnahrungsmittel. Durch sein Fettsäuremuster kann man Olivenöl bis zu einer Temperatur von etwa 180 Grad verwenden, Rapsöl hingegen eignet sich eher zum Dünsten oder Backen. Denn dieses Öl zersetzt sich schon bei 140 Grad und ist daher für hohe Temperaturen, wie beispielsweise in einem Wok, nicht geeignet. Für die größere Hitze, etwa beim Frittieren, sind Kokos- oder Palmfette mit einer Temperaturbeständigkeit über 200 Grad besser geeignet.

Die feinen Öle aus Illingen findet man in einigen Geschäften der Region, auf etlichen Märkten und natürlich im »Öl-Lädle« direkt bei der Mühle. Eine Besichtigung ist nach Absprache möglich. Unbedingt ansehen sollte man sich im Sommer rund um Iptingen die blühenden Leinfelder – hier wächst die nächste Generation köstlichen Leinöls heran.

Adresse Mühlstraße 1/1, 75428 Illingen | **Pkw** in Illingen Richtung Schützingen fahren, direkt hinter dem Kreisel liegt links die Mühlstraße | **Tipp** Ruine Eselsburg, 71665 Vaihingen-Ensingen. Von der früheren Burg aus dem 12. Jahrhundert steht nicht mehr viel, doch mit etwas Phantasie sieht man es noch vor sich, das einstmals so stolze Bollwerk.

45 Die Scheibenschläger

Der alte Brauch wird gepflegt

Das Scheibenschlagen ist ein heidnischer Brauch, den man später dann erfolgreich christianisiert hat. Wie Symbole des Sonnenrades erscheinen die glühenden Holzscheite, die nach alter Tradition nach Einbruch der Dunkelheit durch die Gegend geschleudert werden. Man erhoffte sich, da man jedes Holzbrettchen mit einem Wunschvers versah, dass das kommende Jahr ein Gutes werden würde oder dass man seiner Liebsten ewig verbunden ist. Ein typischer Ersinger Spruch geht so: »Scheibehut, Scheibehut, üwer Ägger un' Rain, wem soll die Scheibe sein? Sie gait links, sie gait rechts, sie gait meim Schatz ewe recht.«

Die vier Elemente Feuer, Wasser, Erde und Luft spielen in heidnischen Bräuchen eine große Rolle. Besonders magisch zeigt sich dabei das Scheibenschlagen. Ersingen ist wohl die nördlichste Gemeinde, in der diese Tradition noch aufrechterhalten wird. Nach dem Zweiten Weltkrieg hat es der örtliche Karnevalsverein »Fledermaus« übernommen, das Scheibenschlagen im Ort zu organisieren. Es sind eher die Gebiete südlich von Kämpfelbach, wo der Brauch noch intensiv gelebt wird. Speziell in Gemeinden im Schwarzwald oder in Südtirol ist die Sitte bekannt. Was man sich so alles wünschen kann, dafür steht sehr plastisch ein Spruch aus dem Südtiroler Val Venosta, dem Vintschgau: »Kas in der Tosch, Wein in der Flosch, Korn in der Wonn, Schmalz in der Pfonn, Pfluag in der Eard, schaug wia main Scheibele ausigeat.«

Das Scheibenschlagen beginnt am Fasnetsonntag und am Rosenmontag am frühen Abend meist mit einem Fackelzug. Mit den Fackelresten wird ein Scheibenfeuer errichtet – je größer, desto besser. Danach betätigen sich die kräftigsten jungen Männer des Ortes als Scheibenschläger. Die glühenden Holzscheiben haben in der Mitte ein Loch, durch das man einen biegsamen Stock stecken kann. Dieser wird gespannt, und die am besten »geschlagenen« Scheiben sausen in hohem Bogen ins Tal hinein.

Adresse Bilfinger Straße, 75236 Kämpfelbach-Ersingen | **Pkw** von Ispringen kommend, an der Durchfahrtstraße auf der rechten Seite Kreuzung Weinsteigstraße | **Tipp** Das Naturschutzgebiet »Neulinger Dolinen« auf der Gemarkung von Göbrichen. Das »Alte« und das »Neue Eisinger Loch« sind typische Bodenverkarstungen im südöstlichen Kraichgau.

46__ Ein Gedenkstein für Siegfried Buback

Das »Kommando Ulrike Meinhof«

Es ist der Gründonnerstag 1977. Der Dienstwagen von General-bundesanwalt Siegfried Buback, gesteuert von Wolfgang Göbel und auf dem Rücksitz begleitet vom Leiter der Fahrbereitschaft, Georg Wurster, hält an der Ampel zur Einmündung in die Moltkestraße. In dem Moment, als die Ampel auf Gelb umspringt, nähern sich auf einem Motorrad, Typ Suzuki GS 750, zwei Personen. Der Hinter-mann hält auf einmal eine Heckler und Koch HK 43 im Anschlag und gibt mehrere Schüsse auf den Mercedes ab. Fahrer Göbel ist schwer verletzt, führerlos rollt der Wagen über die Kreuzung. Göbel stirbt noch am Tatort. Auch für Generalbundesanwalt Siegfried Bu-back kommt jede Hilfe zu spät, er erliegt an Ort und Stelle seinen Schussverletzungen. Georg Wurster kann, ebenfalls schwer verletzt, noch lebend geborgen werden, stirbt aber wenige Tage später im Krankenhaus. In Bekennerschreiben übernimmt das »Kommando Ulrike Meinhof« die Verantwortung für den Anschlag. Begründung: Buback sei direkt verantwortlich für den Tod von Ulrike Meinhof, Siegfried Hausner und Holger Meins. Hätte man den Anschlag ver-hindern können? Waren die Sicherheitsbehörden nicht schon früh-zeitig gewarnt?

Sie waren es. Schon Wochen vor dem Karlsruher Anschlag gab es Hinweise auf eine Aktion »Margarine«, ein geplantes Attentat auf eine hochrangige Persönlichkeit. Doch mit dem Codewort »Marga-rine« konnten die Ermittler nichts anfangen. Erst später ging ihnen ein Licht auf: »Margarine« stand für die Marke »SB«, die Initialen für Siegfried Buback.

Bis in unsere Tage bewegt der Fall Buback die Gerichte. Erst im Juli 2012 wurde die zum harten Kern der RAF gerechnete Verena Becker wegen Beihilfe am Attentat verurteilt – aber nicht, wie vom Sohn des Opfers Michael Buback gefordert, wegen Mittäterschaft.

Adresse Willy-Brandt-Allee/Ecke Moltkestraße, 76133 Karlsruhe | **ÖPNV** Vom Hauptbahnhof mit der S 1 zum Europaplatz (Kaiserstraße), dann zu Fuß von der Kaiserstraße links in die Karlstraße einbiegen, am Ende rechts in die Stephanienstraße. Diese entlang bis zur Willy-Brand-Allee, dann links gehen, die zweite Straßeneinmündung ist Ihr Ziel. | **Pkw** von der B 36 in die Siemensallee einbiegen, die Siemensallee wird zur Moltkestraße | **Tipp** Staatliche Majolika Manufaktur, Ahaweg 6–8. Die Produkte sind nur echt mit dem badischen Wappenschild plus der Krone des Großherzogs sowie einem doppelten »M« auf der Rückseite.

47 Das Hebel-Denkmal
Alemannische Gedichte

»… und ischs so schwarz un finster do, so schine d' Sternli no so froh un us der Heimeth chunnt der Schi, 's muss liebig in der Heimeth sy.« So steht es auf dem Denkmal für Johann Peter Hebel geschrieben, und man merkt: Alemannisch hat es wirklich in sich. Auf Hochdeutsch sollte man den Text in etwa so übersetzen: »… und wie dunkel und düster es dort sein mag, die Sterne scheinen so fröhlich, und aus der Heimat kommt ihr Schein. Wie schön muss es in der Heimat sein.« Er fühlte sich immer unwohl, es machte ihn schier krank, wenn er seine südbadische Heimat verlassen musste. Da halfen nur romantische, heimwehschwangere Gedichte, die er – oft als Selbsttherapie – in großer Zahl schrieb.

Johann Peter Hebel, Pädagoge, Theologe und Dichter, 1760 in Basel geboren, war der Sohn einfacher Dienstboten, die sich im Sommer in Basel und im Winter in Hausen im Wiesental verdingten. Er verlor früh die Eltern, doch die Basler Herrschaft ermöglichte es ihm zu studieren. Es folgte eine Anstellung an einem Gymnasium in Karlsruhe. In seiner Freizeit, »Nordic Walking« oder »Töpfern für Beamte im höheren Dienst« waren noch nicht erfunden, und somit blieb die freie Zeit meist stressfrei, schrieb er Gedichte und bediente sich dabei der alemannischen Mundart. 1803 traute sich Johann Peter zum ersten Mal, einen Text zu veröffentlichen – allerdings erst mal anonym. Doch der Erfolg dieser ersten »Alemannischen Gedichte« ließ nicht lange auf sich warten, fünf Auflagen erreichte das Buch bis 1820. Hebel und die alemannische Sprache hatten sich etabliert. 100 Jahre später sind sich gar Franz Kafka und Ernst Bloch einig: Hebels Novelle »Unverhofftes Wiedersehen«, in der eine alte Frau 50 Jahre nach einem Unfall ihren verschütteten Verlobten wiederfindet, empfanden beide als die schönste Geschichte der Welt.

Hebel starb auf der Durchreise von Mannheim nach Karlsruhe 1826 in Schwetzingen an Krebs.

Adresse Schlossgarten, 76131 Karlsruhe | **ÖPNV** Vom Bahnhofsvorplatz mit KVV 6E
Richtung Kaiserplatz oder S1 Richtung Hochstetten, Haltestelle Marktplatz/Pyramide.
Von dort über die Karl-Friedrich-Straße direkt zum Schloss. Gehen Sie links am Schloss
vorbei, dann finden Sie das Denkmal links hinter einer Baumgruppe. | **Pkw** Von der B36 in
die Siemensallee einbiegen. Die Siemensallee wird zur Moltkestraße. Am Ende der Moltkestraße in die Willy-Brandt-Allee einbiegen und bis zur Hans-Thoma-Straße fahren.
Links steht – unübersehbar – das Schloss. | **Tipp** Die Großherzogliche Grabkammer im
Klosterweg zu Karlsruhe. Die Liste der dort Bestatteten beeindruckt: Man sieht, staunt
und schweigt.

48 Die Julius-Hirsch-Straße und der Gottfried-Fuchs-Platz

Sie waren Juden – das war ihr Pech

Namen von Sportlern, die keiner mehr kennt: Alfred und Gustav Flatow oder Julius Hirsch und Gottfried Fuchs. Die Flatows waren Turner und Olympiasieger 1896 in Athen. Und sie waren Juden. Alfred Flatow starb schon 1942 im KZ Theresienstadt, sein Cousin Gustav wurde dort im Januar 1945 ermordet.

Julius Hirsch, Jahrgang 1892, und Gottfried Fuchs, geboren 1889, waren die Leistungsträger der deutschen Fußballnationalmannschaft und ihres Heimatvereins, dem Karlsruher Fußballverein. Die Sportart war noch jung, als Hirsch und Fuchs den KFV zum ersten deutschen Meistertitel im Jahr 1910 führten. Danach gab es Erfolg auf Erfolg im Verein und in der Nationalelf. 1912 werden die Karlsruher in das Team berufen, das Deutschland bei den Olympischen Spielen in Stockholm vertreten soll. Die Siege hielten sich zwar in Grenzen, doch gegen Russland gelingt ein 16:0-Erfolg – zehn Tore, noch heute Länderspielrekord, erzielte Gottfried Fuchs. Die Spielweise und legendäre Tore der Ausnahmesportler Julius Hirsch und Gottfried Fuchs gingen in die Fußballgeschichte ein. Selbst ein ebenfalls so legendärer Held des Lederballs wie Sepp Herberger bekannte noch Jahre nach den großen Karlsruher Erfolgen: »Die technischen Kunststückchen und genialen Kombinationszüge von Hirsch und Fuchs sind mir immer in Erinnerung geblieben – ich könnte heute noch alles davon nachspielen.«

Mit dem Aufkommen des Nationalsozialismus war für die Teilnehmer am Ersten Weltkrieg Hirsch und Fuchs Schluss mit Fußballspielen. Ihr Pech: Sie waren jüdischer Abstammung. Gottfried Fuchs gelang es gerade noch, 1937 über die Schweiz und Frankreich nach Kanada zu fliehen, wo er 1972 in Montreal starb. Weniger Glück hatte Julius Hirsch. Er wurde nach Auschwitz-Birkenau deportiert und starb dort vermutlich 1943.

Julius-Hirsch-Str.

Julius Hirsch
1892 – 1943
Fußball-Nationalspieler, Heimatverein KFV,
Deutscher Meister 1910 und 1914, Olympiateilnehmer 1912,
1943 in Auschwitz-Birkenau ermordet.

Adresse Julius-Hirsch-Straße/Ecke Gottfried-Fuchs-Platz, 76185 Karlsruhe | **Pkw** über die B 36 aus südlicher Richtung, rechts in den Durlacher Weg einbiegen, dann rechts in die Julius-Hirsch-Straße fahren | **Tipp** Die Spiele des KSC im Wildparkstadion, Adenauerring 17, haben Kultcharakter: »Allez les bleus!«

Gottfried-Fuchs-Platz

Gottfried Fuchs
1889 – 1972
Fußball-Nationalspieler, Heimatverein KFV,
Deutscher Meister 1910, Olympiateilnehmer 1912,
1937 aus Deutschland geflohen, Exil in Kanada

49 Das Karl-Drais-Denkmal

Ohne ihn keine Tour de France

Da gibt es das chemische Gleichgewicht, das physikalische Gleichgewicht und das ökologische Gleichgewicht. Das waren aber alles nicht die Themen des Forstwissenschaftlers Karl Drais, der mit vollem Namen Karl Friedrich Christian Ludwig Freiherr Drais von Sauerbronn hieß. Vielmehr machte sich der Adelige darüber Gedanken, wie der Mensch sich auf einem Gefährt mit zwei in eine Richtung laufenden Rädern aufrecht sitzend fortbewegen kann, ohne jede zweite Sekunde auf den Hintern zu fallen. Er knackte das Problem auf clevere Weise. Die Lösung hieß: »das lenkbare Vorderrad«. Mit dieser Innovation war es möglich, nicht nur lockerer in eine Kurve einzufahren, man hatte auch die Möglichkeit, durch einfache Lenk- und Gegenlenkmanöver das Gleichgewicht zu halten.

Dass Karl Drais als Forsttechniker sich überhaupt Gedanken um das Problem »Laufrad« machte, hatte mit schweren Ernteausfällen und einer damit einhergehenden Hungersnot in den Jahren 1816 und 1817 zu tun. Mit der geringen Ernte stiegen automatisch auch die Preise für Hafer, und der war nun einmal das Grundnahrungsmittel der Tiere, die gewöhnlich die schweren Lastkarren zogen. Pferde wurden in diesen Jahren zum wahren Luxusgut, und man dachte über Alternativen nach. Ein fahrbares Gestell aus Holz, einfach konstruiert, kam der Lösung recht nahe. So kam es, dass der gebürtige Karlsruher und ausgewiesene Tüftler Karl Drais am 12. Juni 1817 zum ersten Mal mit einer lenkbaren »Draisine« durch die Gegend raste – ja, raste! Denn für die damalige Zeit waren knappe 20 Kilometer pro Stunde schon eine schwindelerregende Geschwindigkeit.

Doch dieses Laufrad war nicht die einzige Erfindung, die Karl Drais machte. In seinem Tüftlerkoffer hatte er unter anderem noch eine Schreibmaschine mit 25 Tasten und eine, wie er sie selbst nannte, »Fahrmaschine«. Das war ein Wagen mit vier Rädern, der über eine Kurbelwelle, die auf die Hinterräder ging, verfügte.

Adresse Beiertheimer Allee, 76137 Karlsruhe | **Pkw** von der B 10, Kriegsstraße, in die Ritterstraße abbiegen, dann die Mathystraße überqueren und links in die Beiertheimer Allee einfahren | **Tipp** KIT – Karlsruher Institut für Technologie (Campus Süd), Kaiserstraße 12, 76131 Karlsruhe. Das wohl bedeutendste Forschungszentrum in der BRD gibt Einblicke in die »Elementarteilchen«. Infos unter www.kit.edu/besuchen.

50_ Die Turmbergbahn

In drei Minuten auf den Berg

In Baden-Württemberg existieren mit der Merkurbahn in Baden-Baden, der Falkenburgbahn in Bad Herrenalb, der Heidelberger Bergbahn, den Standseilbahnen in Künzelsau und Stuttgart und der Sommerbergbahn in Bad Wildbad noch einige dieser herrlich museal anmutenden, Ruhe und Gelassenheit ausstrahlenden Drahtseilbahnen. Die Turmbergbahn in Durlach ist von all diesen Prachtstücken die älteste – zum ersten Mal erklomm sie den Gipfel am 1. Mai 1888. Wie die meisten dieser Bahnen begann auch die Turmbergbahn als Wasserballastbahn. Diese Art des Antriebs war im 19. Jahrhundert bewährt – man setzte allein auf die Schwerkraft als Kraftquelle; auf eine Maschine, die ja wiederum nur zusätzliche Kosten produzieren würde, konnte man verzichten. In den Jahren 1965 und 1966 verabschiedete man sich aber auch in Karlsruhe von diesem etwas antiquierten Antriebsmodell. Seither fährt man auf den Turmberg elektrisch. Hat man nach einigen Minuten die Aussichtsplattform erreicht, genießt man bei entsprechender Wetterlage traumhafte Blicke bis ins Elsass oder hin zum Odenwald. Ein paar Schritte weiter liegt die Sportschule Schöneck. Hier nahm schon die Fußballnationalelf an Schulungen teil und genoss die Ruhe und Abgeschiedenheit des Turmbergs – ganz in der Natur, doch der Stadt so nah.

Man schrieb das Jahr 1882, Richard Wagners »Parsifal« wurde uraufgeführt, die Gotthardbahn eröffnet, und mit dem Sieg in der Schlacht von Tel-el-Kebir begann die britische Herrschaft über Ägypten. In Durlach gründete sich der Verschönerungsverein, der beschloss, den nahen Turmberg zum Naherholungsgebiet auszubauen. Nach einiger Zeit kam man auf die Idee, den Berg und die Burgruine durch eine Standseilbahn zu erschließen – voilà, die Turmbergbahn nahm Gestalt an. Dass die Bahn auch noch im 21. Jahrhundert zuverlässig ihren Dienst versehen würde, konnte man damals nicht ahnen. Heute wird sie gepflegt und gehegt und ist beliebter denn je.

Adresse Bergbahnstraße, 76227 Karlsruhe-Durlach | **ÖPNV** Tram 1 und 8 zur Straßenbahnendstation Durlach-Turmberg | **Pkw** von der B 3, Grötzinger Straße, in die Bergbahnstraße einbiegen | **Öffnungszeiten** entnehmen Sie den aktuellen Fahrplänen der KVV | **Tipp** Das Pfinzgaumuseum im Schloss Karlsburg, Pfinztalstraße 9, geöffnet Sa 14–18, So 11–18 Uhr. Hier findet man alles zur Stadtgeschichte der bis zum Jahr 1938 selbstständigen Stadt Durlach.

51 Das Malerdorf

Die »Artist Villages«

Viele Künstler kehrten den immer lauter werdenden und vor schlechter Luft strotzenden Großstädten Ende des 19. Jahrhunderts den Rücken. Vincent van Gogh zog es nach Arles, Otto Modersohn zu seinem Freund Fritz Mackensen nach Worpswede. »Oh, dieser weite Himmel, dieses Licht« – auch Ottos Gattin Paula war hin und weg von diesem Ort im Teufelsmoor. So wie in Worpswede entstanden einige sogenannte Künstlerkolonien vor den Toren der großen Städte oder weit draußen auf dem flachen Land. Auch die Kolonie in Ahrenshoop auf dem Fischlande war so eine Neugründung. Künstler wie Max Liebermann, Károly Ferenczy oder Paul Cezanne zogen in die tiefste Provinz, oft gefolgt von Literaten oder Komponisten wie Rainer Maria Rilke oder Edvard Grieg. Malerdörfer und Künstlerkolonien gibt es auch in Holland, Großbritannien oder Griechenland. In Frankreich zählen dazu so große Namen wie Auvers-sur-Oise oder Vence, für Dänemark muss man nur Skagen erwähnen, und die Augen des Kunstfreundes leuchten.

Für Deutschland stehen neben Worpswede Namen wie Murnau, Kevelaer oder Hiddensee zur Verfügung – oder eben Grötzingen, 1889 gegründet unter anderem von Friedrich Kallmorgen und dem Ehepaar Jenny und Otto Fikentscher. Vorbild der »Grötzinger« war die »Schule von Barbizon«, jene Vereinigung von Freiluftmalern, die schon seit den 1830er Jahren bestand. Bekannt wurden aus der Kolonie Grötzingen Maler wie Franz Hein oder Gustav Kampmann. Am prominentesten bleibt aber wohl Friedrich Kallmorgen mit seinen Bildern vom Hamburger Hafen oder dem »Wintermorgen in einem galizischen Dorf«. Beeindruckend, wie er auf diesem Bild die kalte Atmosphäre des klaren Wintermorgens mit einem Hauch Sonnenschein einfängt, kühle Blaukontraste der eiskalten Schneelandschaft werden mit warmen Brauntönen der Bäume und Häuser kontrastiert. Für so einen Kallmorgen zahlt man heute leicht einige tausend Euro.

Adresse 76229 Karlsruhe-Grötzingen | **ÖPNV** Linie S 4 des KVV | **Pkw** von der B 3 links in Richtung Grezzostraße fahren, dann rechts in die Edelmänne abbiegen | **Tipp** Das Weingartener Moor an der B 3. Das heutige Naturschutzgebiet war über Jahrhunderte als »Torflager« für die Menschen von überlebenswichtiger Bedeutung.

52 Die Alte Lateinschule

Schwäbisches Dichtertreffen um Justinus Kerner

»Non vitae, sed scholae discimus.« Dieser Satz Senecas treibt ehemalige Schüler höherer Lehranstalten, wenn sie denn nicht absolute Primusse und die Lieblinge des Pedells waren, genauso in den Wahnsinn wie der Anblick eines zitronengelben Reclam-Heftchens mit Goethes »Faust I« noch nach 50 Jahren.

Lateinschule hieß seit dem Mittelalter jener Schultyp, der sich deutlich von einer kleinen Dorfschule abhob – ebenso abgehoben waren da auch meist der Lehrkörper und die Schüler. Auch Justinus Kerner besuchte Lateinschulen, unter anderem die in Knittlingen. Doch der frühe Tod des Vaters zwang ihn, der studieren wollte, erst mal zu einer Lehre in einer Tuchfabrik. Da diese Lehre alles andere als anregend war, widmete sich Kerner in seiner Freizeit dem Schmieden von Versen und sann, ganz seinem schwäbisch-dickköpfigen Naturell entsprechend, darüber nach, wie er doch noch Medizin studieren könnte. Die Erlösung erschien in der Gestalt eines früheren Freundes seines Vaters. Dieser ermöglichte ihm die Ausbildung in Tübingen.

Die Zeit in der Universitätsstadt war wohl die schönste in Kerners Leben. Er bekam Kontakt zu Dichtern wie Ludwig Uhland, Gustav Schwab, Eduard Mörike und Wilhelm Hauff. Dieser schwäbische Dichterkreis blieb sich, wenn auch immer mal wieder mit anderer Besetzung, zeitlebens verbunden. Doch auch als Arzt machte Justinus Kerner von sich reden, war er doch jahrelang medizinischer Betreuer der Friederike Hauffe, die als »Seherin von Prevorst« landesweit durch ihre Erscheinungen bekannt wurde. Über seine Beobachtungen an dieser Frau, über »das Nachtleben ihrer Seele«, schrieb Kerner ein damals weitverbreitetes Buch.

Der eingangs erwähnte »Faust« gehört natürlich zu Knittlingen wie der Trollinger in die Region. In einem zeitnahen Nachruf war zu lesen: »Doktor Faustus, Kraichgauer aus Knittlingen, im Breisgau vom Teufel geholt. Muss ein netter Kerl gewesen sein.«

Adresse Pfleghof, 75438 Knittlingen | **Pkw** Von der B 35 auf die Esselbachstraße abbiegen. Nach der abknickenden Vorfahrt beginnt die Friedrichstraße, an deren Ende Sie links auf die Stuttgarter Straße einbiegen, dann wieder links in die Marktstraße. Hier liegt auf der rechten Seite der Pfleghof. | **Tipp** Das Faust-Archiv, Kirchplatz 9. Hier lagert an zentralem Ort vieles, was »Faust«-begeisterte Einzelbürger über Jahre gesammelt haben.

53__ Das Thurn-und Taxis'sche Postanwesen

Von Italien bis nach Holland

Franz von Taxis entstammt einem alten lombardischen Geschlecht. 1490 bekam er von Kaiser Maximilian I. den Auftrag, ein Nachrichtensystem aufzubauen, was an Schnelligkeit und Genauigkeit so noch nicht vorhanden war. Da die kaiserlichen Residenzen in Tirol und Flandern lagen, war seiner Hoheit sehr daran gelegen, die Strecke schnell und sicher für seine Depeschen und Dokumente zu bewältigen. Man benötigte dafür mehrere Standorte, an denen man die Pferde wechseln und auch mal übernachten konnte. Dafür richtete von Taxis die »Posthaltereien« ein, einfache Herbergen, immer im Abstand eines Tagesritts gelegen. Das ganze Vorhaben war schlichtweg revolutionär, denn mit dieser Art des Stafettenlaufs konnte man aus einer anfänglichen Tagesreisedistanz von 20 Kilometern locker eine von 150 Kilometern machen.

Das Postanwesen in Knittlingen war von 1495 bis 1812 Haltestelle für Postkutschen, die, von Süden kommend, über die Geislinger Steige quer durch den Kraichgau bis in die Niederlande fuhren. Diese Art des Reisens mit der Pferdekutsche mag aus heutiger Sicht gewiss romantisch erscheinen, die Realität sah aber wohl ganz anders aus. Unfälle auf den meist schlechten Wegstrecken waren an der Tagesordnung, Schwerstverletzte durch Wagenumwürfe kamen immer wieder vor. Auch was die Reisedauer anging, mussten alle Beteiligten im wahrsten Sinne des Wortes Sitzfleisch beweisen. So dauerte zum Beispiel die Reise von München nach Salzburg, über Ampfing, Altötting und Burghausen, gute zwölf Stunden. Hierbei unterschied man noch den »regulären Postkutschenbetrieb« und den mit den »Eilwägen«. Eilwagen war erster Klasse, das war zwar wesentlich teurer, aber durchaus komfortabel und beinhaltete eine gute Bewirtung und besseres Essen in den Posthaltereien und den Gasthäusern »Zur Post«.

Adresse Marktstraße 19, 75438 Knittlingen | **Pkw** von der B 35 auf die Eselbachstraße abbiegen, nach der abknickenden Vorfahrt beginnt die Friedrichstraße, an deren Ende links auf die Stuttgarter Straße einbiegen und dann wieder links in die Marktstraße | **Tipp** Bäckerei Martin Reinhardt, Brettener Straße 15 – sogar vom Feinschmecker-Magazin empfohlen.

54 Das Scharfrichterhaus

Von Schindern, Blutvögten, Dehnern und Hautabziehern

Er hatte keine bürgerlichen Ehrenrechte, musste fernab vom dörflichen oder städtischen inneren Wohnbereich leben. Seine Kleidung musste ihn erkennbar ausweisen, er durfte im Wirtshaus nur an bestimmten Tischen trinken, die Badestube war für ihn nur an ganz bestimmten Zeiten geöffnet, und seine Nachbarn mieden ihn wie die Pest: den Scharfrichter.

Auch das Scharfrichterhaus in Gochsheim, erbaut 1615, steht außerhalb der Stadtmauern, auch hier funktionierte die Ausgrenzung des Scharfrichters. Da dieser und seine Familie ebenfalls vom christlichen Abendmahl ausgegrenzt waren und man nur in »Henkerskreisen« untereinander heiratete, entstanden regelrechte »Knüpf auf«-Dynastien.

Es gab aber auch noch weitere appetitliche Aufgaben für den Wasenmeister – so nannte man die Henker ursprünglich, letztlich eine feinere Umschreibung für den Beruf des Abdeckers. Die Aufträge reichten von der Verscheuchung der Aussätzigen aus der Stadt über die Reinigung der Gefängnisse von Kot und Erbrochenem bis zum Töten und Verscharren herrenloser Hunde und erreichten mit den ureigensten Scharfrichteraufgaben, dem Errichten des Galgens oder dem Bau eines gewaltigen Scheiterhaufens, den beruflichen Höhepunkt. Ein weiteres berufliches Highlight war dann nur noch der Tag der eigentlichen Hinrichtung. Hier war der Henker, neben dem Delinquenten versteht sich, der Hauptdarsteller. Dieses Martern und Köpfen war für viele ein immer wieder gern gesehenes Schauspiel – eine Hinrichtung in London Ende des 18. Jahrhunderts zählte 40.000 Zuschauer. Doch es kamen nicht nur Schaulustige zum Richtplatz, auch Kranke, speziell an Fallsucht und Epilepsie Leidende, drängten um die Gerichtsstätte, um einen Tropfen Blut des Straftäters zu erhaschen. Oftmals reichte auch der Henker den Kranken einen Becher des Blutes, denn diesem frischen Lebenssaft wurde heilende Wirkung zugeschrieben.

Adresse Vorstadtstraße 16, 76703 Kraichtal-Gochsheim | **Pkw** von Zaisenhausen kommend links in die Vorstadtstraße einbiegen | **Tipp** Die Kraichgau-Bibliothek, Hauptstraße 89, 76703 Kraichtal-Gochsheim. Das Zentrum des Wissens, wenn es um die regionale Geschichtsforschung geht.

Dies war von 1615
bis 1806 das Haus der
Scharfrichter von
Gochsheim

55__ Der Zunftbaum

»Halt, Meister! Nicht so geeilt!
Nicht jeder eure Meinung teilt!«

Zunftbäume haben wieder Tradition. Wie hier in Gochsheim wer-den auch in anderen mittleren und kleinen Städten und Gemeinden diese Recken an zentralem Ort aufgestellt. Platziert wird der Baum, meist eine Fichte und um die 15 Meter hoch, im April oder direkt am 1. Mai, dem Tag der Arbeit. In früheren Zeiten prangten am Baum der Zünfte die uralten Handwerkssymbole von Müller, Metz-ger oder Schuster. Heute schmücken das Holz auch moderne Dienstleister wie Zentralheizungsbauer, Lackierer oder Kraftfahr-zeugsmeister, eben alles, was die örtliche Handwerkszunft zu bieten hat.

Zünfte, also der Zusammenschluss von handwerklichen Betrie-ben, die gemeinsame Interessen hatten, waren im Mittelalter ent-standen und hatten einen ehernen Kodex. Handwerksgesellen, die den Meister machen wollten – die Voraussetzung, um überhaupt in eine Zunft aufgenommen zu werden –, mussten unter anderem ein Meisterstück auf eigene Kosten anfertigen und ein üppiges Mahl für alle Meister der Zünfte in der jeweiligen Stadt, in der sie Aufnahme begehrten, spendieren. Für das heutige Selbstverständnis eines mün-digen Bürgers sind der Gesetzes- und Vorschriftenkatalog einer Zunft des Mittelalters eher gewöhnungsbedürftig. So schrieben die Zunftstatuten auch in vielen Fällen die Produktionsmethoden vor, wodurch man einer möglichen Überproduktion des jeweiligen Han-delsgutes entgegentreten wollte. Die Zünfte regelten auch auf kate-gorische Weise die Rohstofflieferungen und die Preise für die End-abnehmer, kümmerten sich aber auch, als soziales Netzwerk, um solche elementaren Dinge wie die Witwenversorgung ihrer Mitglie-der. Auch im kulturellen Bereich wurden die Zünfte im Spätmittel-alter tätig. Sie gründeten unter anderem Singschulen. Das Ergebnis kann man bei Richard Wagner nachhören: »Die Meistersinger von Nürnberg«.

Adresse Hauptstraße, 76703 Kraichtal-Gochsheim | **ÖPNV** Linie S 32, Bahnhof Gochsheim, zu Fuß über die Berthold-Bott-Straße zur Hauptstraße, in diese links einbiegen | **Pkw** von Zaisenhausen kommend links in die Vorstadtstraße einbiegen, anschließend links in die Hauptstraße fahren | **Tipp** Das Museum im Graf-Eberstein-Schloss, Hauptstraße 89, 76703 Kraichtal-Gochsheim. Mit 1.300 Bügeleisen, die im Obergeschoss des Schlosses zu finden sind, die wohl größte Sammlung von Plätteisen weltweit.

Rathaus

56 Das Wasserschloss

»De Creichgoia« von David Chyträus

Zwar im Jahr 1530 in Ingelfingen am unteren Kocher als David Kochhafe geboren, kommt David Chyträus noch im gleichen Jahr nach Menzingen, wo sein Vater das Amt des Pfarrers übernimmt. Chyträus, den man später zu den wichtigsten Denkern der Spätreformation rechnen wird, war ein Mann, der zwar weit herumkam – als Stationen seines Lebens seien nur Tübingen, Wittenberg oder Rostock genannt –, doch seinen Kraichgau verlor er niemals aus den Augen. Die regionale Festlegung, die landschaftliche Charakterisierung dieses Landstriches hat Chyträus in der Form eines Vierecks ausgedrückt. Er nahm den Neckar als nördliche Grenze und zog eine Linie von Obrigheim westlich bis nach Heidelberg, östlich beginnt die Linie bei Heilbronn und endet am Heuchelberg. Er nimmt den Stromberg in südlicher Richtung ebenso wie den Zabergäu mit, den er aber auch als eigenständige Landschaft zählt. Den südlichsten Punkt setzt er mit der Stadt Pforzheim am nördlichen Rand des Schwarzwaldes, die Westgrenze ist dann den Rhein hinunter bis etwas südwestlich von Heidelberg an der Mündung der Kraich in den Rhein. 1558 lieferte David Chyträus mit »De Creichgoia« eine landeskundliche Schrift ab, die noch heute der regionalen Geschichtsschreibung wertvolle Hinweise liefert. Die heutige Kirche zu Menzingen ist nicht mehr das Bethaus, das der Pfarrer Kochhafe 1530 vorfand. Das heutige Gotteshaus wurde erst 1846 bis 1848 erbaut – dennoch kein Hinderungsgrund, sich hier an Herrn Chyträus zu erinnern.

Ein Förderer des jungen David war Peter von Mentzingen, und der war nicht nur ein Held, der sich beim Zurückschlagen der Türken äußerst mannhaft gezeigt hatte, er war auch derjenige, der das Wasserschloss in Menzingen nach der Zerstörung während des Bauernkrieges 1525 in den Jahren 1529 bis 1539 wiederaufbaute. Was alles nichts half – Schloss Menzingen wurde im April 1945 durch einen Jagdfliegerangriff zur Ruine gebombt.

Adresse Heilbronner Straße, 76703 Kraichtal-Menzingen | **Pkw** von Odenheim kommend am Ortseingang rechts, über eine Treppe von der Heilbronner Straße aus bis an den Wassergraben marschieren | **Tipp** Sternwarte Kraichtal-Oberöwisheim. Die etwas andere Sternwarte mit einer großartigen Fernsicht in Richtung Nordschwarzwald. Alle Infos unter: www.sternwarte-kraichtal.de.

57 Das Kerschdekipper-Denkma

»Gib mich die Kirsche«

Seinem Nachbarn einen Utznamen anzudichten, gehört zum lieb-gewordenen Ritual in dörflichen Gemeinschaften. Da macht der Kraichgau keine Ausnahme. Die Leute aus Ubstadt-Weiher-Zeu-tern sind die »Weinschläuch«, der Mensch aus Kürnbach ist ein »Dambe« – und der Unteröwisheimer muss eben mit dem Zusatz »Kerschdekipper« leben. Aber zugegeben, es gibt Schlimmeres als diese Necknamen, und leicht nachzuvollziehen, warum die Leute des jeweiligen Dorfes sich ihn verdient haben, ist es auch.

Der »Kerschdekipper« ist eben ein Feldarbeiter mit einer Kippe auf dem Rücken, in der er nicht, wie in der Gegend durchaus auch üblich, Weintrauben trägt, sondern eben Kirschen. Diese leckeren Früchte gab und gibt es in der Unteröwisheimer Umgebung zu ge-nüge. Herrlich anzuhören, und ähnlich wie in Erligheim, wenn die Kirschblüte beginnt und ein wildes Gesumme der zahlreichen In-sekten die Bäume umschwirrt. Dann freuen sich die Menschen auf eine saftige Kirschernte, lecken sich die Lippen nach so wunderba-ren Gerichten wie »Kirschenmichel« (eine im Backofen hergestell-te, wunderbare Resteverwertung von altbackenen Brötchen) oder »Kirschenplotzer« (ein Kuchen, in den die Kirschen »neigeplotzt«, also aus niedriger Höhe fallen gelassen werden) oder auch nur auf einen Spaziergang, an dessen Ende der erklärliche Straftatbestand des Mundraubes steht. Auch wenn die große Zeit der Unteröwis-heimer Kirschen vorbei ist – hatte man doch in früheren Jahren die Früchte in den gesamten süddeutschen Raum verkauft –, all die Leu-te, die jahrzehntelang für den Erfolg der Frucht schufteten und dem Obstanbau in der Region einen hervorragenden Ruf bescherten, ehrt das Denkmal der »Kerschdekipper«.

Nur so am Rande: »Gib mich die Kirsche« ist natürlich kein Satz aus dem Kraichgau. Er wurde formuliert vom großen Dortmunder Fußballphilosophen Lothar Emmerich. Was oder wen er mit »Kir-sche« meinte, ist für jeden Fußballfreund ein offenes Geheimnis.

Adresse Friedrichsplatz, 76703 Kraichtal-Unteröwisheim | **Pkw** von Ubstadt-Weiher kommend, steht er auf der linken Straßenseite, ungefähr in der Ortsmitte | **Tipp** Der asiatische Garten in Kraichtal-Münzesheim, Am Mühlberg. In jahrelanger Arbeit haben Patienten des Therapiezentrums Kraichtal diesen wundervollen Garten angelegt, der ganzjährig geöffnet ist.

58 Das Historic-Actien-Museum

Hochamt für Scripophile

Um es gleich aufzulösen:

Scripophilie ist keine Krankheit – obwohl leidenschaftliches Sammeln eines bestimmten Gegenstandes durchaus schon mal krankhafte Züge annehmen kann. Scripophile sammeln sogenannte Nonvaleurs, also historische Aktien, die keinen eigentlichen Nennwert mehr haben, ergo auch an keiner Börse mehr gehandelt werden. Dennoch können solche alten Wertpapiere einen anständigen Preis erzielen. Erst kürzlich ging bei einer Versteigerung in der Bankenhauptstadt Frankfurt eine 137-jährige Aktie der Deutschen Bank für knappe 30.000 Euro in die Hände eines anonymen Sammlers. Oder nehmen wir die Versteigerung in Antwerpen im Sommer 2011. Aufgerufen war eine Aktie der Eisenbahngesellschaft Midland Railway aus dem Jahr 1848, mit der besonderen Note, dass diese die Originalunterschrift von George Stephenson, dem Begründer des Eisenbahnwesens, trug. Nach einem Bieterwettstreit ging die anfangs auf einige hundert Euro geschätzte Aktie für sage und schreibe 12.000 Euro über den Tisch.

Im Historic-Actien-Museum in Kürnbach kann man ansehen, was sich heute meist nur noch im virtuellen Raum befindet – Aktien aus Papier und mit Druckerschwärze und Tinte beschrieben. Zuallererst ist man ganz einfach über die künstlerische Qualität solcher alten Aktien überrascht. Viele dieser Pretiosen sind aufwendig gestaltet, in Schönschrift sind Firmennamen und Nennwerte gezeichnet. Man erfährt als angehender Sammler viel über Einstiegspreise für bejahrte Aktien mit Wertsteigerungspotenzial, und dass man als Sammler, wie bei vielen anderen Liebhabereien, nicht unbedingt auf das Internet setzen sollte, sondern sich das Objekt seiner Begierde am besten bei seriösen Versteigerungen besorgt. Summa summarum kann man nach einem Museumsbesuch schlussfolgern, dass so manches historische Wertpapier mehr einbringt als ein Papier am aktuellen Börsenmarkt.

Adresse Sternenfelser Straße 1, 75057 Kürnbach | **Pkw** Von der B 293 in Richtung Kürn-
bach fahren, am Ende der Straße links auf die Flehinger Straße einbiegen, an der abbie-
genden Vorfahrtsstraße die 1. Straße rechts nehmen (Sonnengraben). Diese wird an der
2. Kreuzung zur Sternenfelser Straße. | **Tipp** Das Blasmusik-Museum, Leiterstraße 1. In
der Musikakademie kann man die unterschiedlichsten Kurse mit den unterschiedlichsten
Instrumenten buchen.

59_ Der Löfflerinweg

Im Schwarzriesling-Dorf

Mit nicht einmal 3.000 Einwohnern ist Kürnbach wahrlich keine Großstadt. Dennoch ist es erstaunlich, dass dieses, mit Verlaub, Dörfchen zwei für ihre Zeit außergewöhnliche weibliche Persönlichkeiten vorzeigen kann.

Fangen wir mit Friederike Louisa Löffler, der »Löfflerin«, an. 1744 als Apothekerstochter in Kürnbach geboren, stieg sie zur Nummer-eins-Köchin am Hof des Herzoges Carl Eugen auf. Hätte das Medium Television schon die Menschheit des 18. Jahrhunderts heimgesucht, Friederike Löffler hätte bestimmt eine dieser wunderbaren Kochshows moderiert, so als frühe Ausgabe Sarah Wieners in der Großküche des Württembergers Herzogs. Friederikes Mutter Maria führte am Ort die Gastwirtschaft »Drei Mohren«, der Onkel des jungen Mädchens war Wirt der Bietigheimer »Sonne« und als hervorragender Koch weit über die Grenzen der Stadt bekannt. Diese beiden Menschen wiesen Friederike ihren Lebensweg auf. Kochen war für sie Beruf und Berufung, und sie wollte andere »Frauenzimmer« an dieser Leidenschaft teilhaben lassen. Da es zu Lebzeiten der Löfflerin halt so war, dass Frauen im Hintergrund zu bleiben hatten, taucht ihr Name nur selten auf, doch ihre Kochbücher verbreiteten sich in Windeseile und wurden schnell zu Standardwerken.

Eine weitere ungewöhnliche Person betritt 1821 Kürnbach: Luise Christiane Friederike Hauffe, die man die »Seherin von Prevorst«, ihrem Geburtsort, nannte. Der Dichter und Mediziner Justinus Kerner behandelte die zeitlebens kranke Luise mehrere Jahre und beobachtete sie aus der Sicht des Psychiaters. In einem Buch berichtet er von den Trancezuständen und somnambulen Geistererlebnissen dieser jungen Frau, die auch die Fähigkeit und die inneren Kräfte zur Heilung anderer in sich spürte. Der Bericht Kerners über die Gebrechen und Visionen von Luise Hauffe war die penible Beschreibung dieser Zustände und wurde ein Renner auf dem Buchmarkt.

Adresse Löfflerinweg, 75057 Kürnbach | **Pkw** Von der B 293 Abfahrt Flehingen/Kürnbach, dann Richtung Kürnbach fahren. Am Ende der Straße links auf die Flehinger Straße einbiegen, an der abbiegenden Vorfahrtsstraße die 2. Straße rechts (Brühlstraße) nehmen. Am Ende der Straße rechts in die Lindenstraße fahren, nochmals rechts in die Bachstraße und dann wieder rechts zum Marktplatz. | **Tipp** Die Schwarzriesling-Kerwe jeweils am 4. Oktoberwochenende ist ein feiner Genussmarkt und ein Treffpunkt für die ganze Region.

60_ Das Museum im Klosterhof

Friedrich Hölderlin alias Scardanelli alias …

Hört man den Namen des Dichters Friedrich Hölderlin, assoziiert man wohl zuallererst drei Begriffe: »Wahnsinn«, »Turmzimmer« und »Tübingen«. Lauffen am Neckar fällt einem, wenn überhaupt, erst sehr spät ein. Das liegt sicher nicht daran, dass man in Hölderlins Geburtsstadt diesen nicht genügend zu würdigen wüsste. Im Gegenteil. Im Klosterhof nimmt das Leben des großen Sohnes der Stadt breiten Raum ein. Doch hat Hölderlin halt nur die ersten vier Jahre seines Lebens in Lauffen verbracht − gewiss genug, um den Ort die »Hölderlin-Stadt« zu nennen, wohl aber zu wenig, um mit dem endgültigen Hölderlin'schen Lebensmittelpunkt Tübingen zu konkurrieren.

Es war wohl die Verkettung mehrerer seltsamer Umstände, die Hölderlin zuerst den Verdacht des Hochvrrates, dann aber − als dieser sich nicht aufrechterhalten ließ − eine Diagnose über »Wahnsinn und Raserei« einbrachte. Gewaltsam wurde er in eine Tübinger Klinik gebracht, dort interniert und nach mehreren Monaten als unheilbar entlassen. Doch man entließ Hölderlin nicht einfach in die Freiheit, sondern übergab ihn dem Schreinermeister Ernst Zimmer in die Pflege. In dessen Häuschen, in einem kleinen Turmzimmer, lebte er − betreut von des Meisters Tochter Lotte − noch 36 Jahre und empfing den einen und anderen Besucher. Sprach einer dieser Besucher ihn auf seine früheren Gedichte an, bejahte Hölderlin seine Autorenschaft, doch hatte er sich als »nom de guerre« den Namen »Scardanelli« ausgedacht. »Ja, ja, die Gedichte sind von mir, ich habe aber nie Hölderlin geheißen, sondern Scardanelli.« Wahlweise ersetzte er »Scardanelli« auch mit »Killalusimeno« oder »Buanarotti«. Ein gar nicht unkluges Fazit zum Leben Friedrich Hölderlins zog der ebenfalls weggesperrte Robert Walser: »Ich glaube, Hölderlin war die 30 Jahre gar nicht so unglücklich. Im bescheidenen Winkel dahinträumen, ohne Ansprüche erfüllen zu müssen, kann kein Martyrium sein.«

Adresse Klosterhof, 74348 Lauffen am Neckar | **Pkw** aus Richtung Nordheim kommend am Kreisel auf den Parkplatz fahren und von dort über die Straße zum Klosterhof laufen | **Tipp** »Fisch-Seybold«, Hoher Steg 20, 74348 Lauffen am Neckar, bietet superleckeres Sea- and Riverfood im Neckarstädtchen.

61 Die Neckarschleuse

Oskar von Miller und die Strecke Lauffen–Frankfurt

Einige Biografen des Ingenieurs Oskar von Miller, 1855 in München geboren, beschreiben ihn als »weiß-blauen Despoten«, kreativ, spontan sowie eigensinnig und mit einem Hang zum Volkstümlichen versehen. Verständlich sind diese Charakterzüge an einem Mann mit beachtlicher Lebensleistung – ein Nullachtfuffzehn-Gemüt hätte diese Meisterleistungen gar nicht vollbringen können.

Miller gilt als Pionier in Sachen Elektrizität. Schon früh sah er die unendlichen Möglichkeiten dieser neuen Technik voraus und verschrieb sich ihr ganz. Das war in den 1880er Jahren durchaus noch ein Risiko, Millers Kollegen konnten sich bisweilen ein Lächeln ob der Obsessionen Oskars nicht verkneifen. Doch von Millers Gedanken gingen tiefer. Erkannte er doch die großen Möglichkeiten, die eine allgemeine Elektrifizierung bot – das »Konzept vom sozialen Strom« stand im Raum.

Eine Pionierleistung gelang ihm am 25. August 1891 durch die Drehstromübertragung auf einer Länge von fast 180 Kilometern zwischen dem Neckarstädtchen Lauffen und der Metropole Frankfurt am Main. Dass damit auch ein jahrelanger Streit um das richtige Stromformat, also Gleichstrom oder Wechselstrom, den die beiden amerikanischen Ingenieure Edison und Westinghouse in aller Öffentlichkeit und äußerst heftig austrugen, zugunsten des Wechselstroms entschieden wurde, war ein glücklicher Nebeneffekt. Als kleiner Nebensatz zur großen Weltgeschichte sei kurz vermerkt, dass dieser »Stromkrieg« auch der erste Scharmützelplatz zweier Strommultis war: Edisons »General Electric« und »Westinghouse Electric«.

In Lauffen hat man eine Straße nach Oskar von Miller benannt – in dankbarer Honorierung, dass man mit dem »Kraftübertragungsprojekt Lauffen« einen ständigen Platz in der Technikgeschichte der Welt besitzt. Oskar von Miller, von dem auch die Gründungsidee für das Deutsche Museum in München stammt, starb im Jahr 1934.

Adresse Oskar-von-Miller-Straße, 74348 Lauffen am Neckar | **Pkw** Von der B 27 in die Mühltorstraße einbiegen, an deren Ende beginnt die Oskar-von-Miller-Straße. Hier gibt es Parkplätze, von denen aus man sich die ganze Altstadt erlaufen kann. | **Tipp** Regiswindiskirche in Lauffen in der Kirchbergstraße. Hoch über dem Neckar ist die Kirche das Wahrzeichen Lauffens.

62__Der Kreisverkehr

Darf man auf einer Kreisverkehrsinsel zelten?

Um die Frage gleich zu beantworten: Man darf es nicht. Es gibt zwar kein eindeutiges Verkehrsschild – etwa einen Kreisverkehr mit durchgekreuztem Zelt –, dennoch wäre das Zelten auf einer öffentlichen Kreisverkehrsinsel ein Eingriff in den Straßenverkehr, und somit ist das ganze Vorhaben ungesetzlich.

Aber darum geht es hier gar nicht. Es geht vielmehr um Kunst und öffentlichen Straßenverkehr. Fährt man sehenden Auges durch unsere Region, so fallen einem öfters die mit sehr viel Ideenreichtum und Phantasie gestalteten Kreisverkehrsinseln auf. Sei es in Lauffen die faszinierende »Hölderlin im Kreisverkehr«-Skulptur von Peter Lenk oder eben der Hinkelstein-Kreisel in Leingarten. Nun gibt es aber eine neue EU-Richtlinie, die besagt, dass starre Gebilde, ergo Kunstgegenstände, aber auch Bäume oder Felsbrocken auf den Inseln der Kreisverkehre ein erhöhtes Unfallpotenzial darstellen, und die zuständigen Behörden sollen nun prüfen, wie man diese wieder zurückbauen könne.

Da man bei EU-Richtlinien meistens davon ausgehen kann, dass sie baren Unsinn verbreiten, könnte man das alles erst einmal als einen kleinen Sturm im Wasserglas deuten und die EU-Mappe ruhigen Gewissens in der untersten Behördenschublade versenken. Doch einige Gemeinden machen sich wohl schon einen Kopf, wie man mit dieser Brüsseler Verordnung umgehen muss. Zu Recht, meint der eine oder andere Experte für Unfallfragen im Straßenverkehr. Einige der Skulpturen, etwa Steinobelisken oder kunstvoll bearbeitete Baumstämme, bergen ein beträchtliches Unfallpotenzial, und außerdem werde der Verkehrsteilnehmer durch intelligente Kunstwerke zu stark abgelenkt.

Die Meinungen um kunstvoll gestaltete »Kreisverkehranlagen« (so der korrekte Ausdruck) gehen also weit auseinander. Vielleicht sollte man einfach die Kirche im Dorf lassen und die Kunstwerke an ihrem Platz – in der heutigen Zeit gibt es sicher größere Aufreger.

Adresse 74211 Leingarten | **Pkw** Wenn Sie die B 293 in Richtung Leingarten verlassen, kommen Sie direkt zum Hinkelstein-Kreisel. | **Tipp** »Heuchelberger Warte«, Auf dem Heuchelberg 1, 74211 Leingarten. Wo sonst kann man eine »Schicki-Micki-Pauschale« für 2,50 Euro buchen? Alles dazu unter www.heuchelberg.com/gastronomie.

63 Die Klosterkirche

Links Odenwald – rechts Kraichgau

Man merkt es im alltäglichen Leben nicht sofort, wenn man seinen Fuß vom Kleinen Odenwald in den Kraichgau setzt. Bewusst erleben kann man es in der Gemeinde Lobbach. Einmal durch den Kreisel in der Ortsmitte fahren, und Sie biegen an der einen Ausfahrt Richtung Odenwald ab und an der anderen Ausfahrt treten Sie in den Kraichgau ein.

Lobbachs Geschichte geht weit zurück. Fest verbunden ist sie mit dem mythosbehafteten Geschlecht der Staufer, die das Bild des Mittelalters so nachhaltig geprägt haben. Legendäre Namen durchziehen die Staufergeschichte: Barbarossa oder sein Enkel Friedrich II., den man den »Mann aus Apulien« nannte. Beide waren Herren des »Heiligen Römischen Reiches«, Barbarossa beherrschte in der Nord-Süd-Achse ein Gebiet von Schleswig-Holstein bis Mittelitalien, Nachkomme Friedrich sogar bis Sizilien. Von West nach Ost reichte ihr Einflussgebiet von Burgund bis nach Böhmen. Beide förderten die Kultur und schufen ein neuartiges Rechtssystem, und sie gründeten Städte, Universitäten und Klöster. Kloster Lobenfeld war eine Gründung des Augustinerchorherrenstifts, das Kaiser Barbarossa um 1187 unter seinen Schutz stellte. Zu jener Zeit begann die wechselvolle Geschichte der Klosterkirche. Im Schnelldurchlauf sieht das so aus: 1223 letzte Erwähnung von Augustinerkanonikern, 1330 kurpfälzische Schirmherrschaft, 1438 Zuordnung zum Benediktinerorden, 1560 Aufhebung des Klosters in Folge der Pfälzer Reformation, 1705 »Pfälzer Kirchenteilung«: Die Klosterkirche geht an die Protestanten, der Kirchenbesitz an die Katholiken, seit 1984 ist wieder alles in protestantischer Hand.

Den Staufern war kein so langes Überleben gegönnt. Schon gleich nach dem Tode Friedrichs II. 1250 brachen Teile der staufischen Macht zusammen. Nachdem 1268 Friedrichs Enkel Konradin in Neapel hingerichtet wurde, war es zu Ende mit dem großen Geschlecht der Staufer.

Adresse Klosterstraße 110, 74931 Lobbach-Lobenfeld | **Pkw** über die L530 zum Kreisel an der Spechbacher Straße, Klosterstraße und Langenzellerstraße | **Tipp** Die vier Nordic-Walking-Touren rund um Lobbach. Von 4,5 Kilometern bis 10 Kilometer – für jede Kondition wird etwas geboten. Infos unter www.lobbach.de.

64 _ Karl-Henning Seemann

Vom Lörracher Reiter, Theodor Heuss und den anderen

Seine Kunst findet sich überall im Kraichgau. Die Plastiken des in Löchgau wohnenden und arbeitenden Karl-Henning Seemann gehören einfach dazu – genau wie die Kirchtürme der Gemeinden. Und sie sind bei der Bevölkerung beliebt und unumstritten. Das hat einen einfachen Grund. Die Objekte sind für jedermann verständlich! Die Skulpturen erzählen in ihrer Klarheit gerne Geschichten, verweisen auf einen – meist historischen – Hintergrund, siehe die Heuss-Skulptur in Brackenheim, und regen den Besucher immer dazu an, weiterzulesen und für sich weiterzuforschen. Auch werden gerne kleine Histörchen aus den Gemeinden zitiert, oder die Ortsnecknamen geben den Brunnen ihre Namen. Beispiele dafür sind die Löchgau-Zisterne »Der Hasenropfer« oder auch der »Lörracher Reiter« in Löchgau selbst.

Eine besondere Herausforderung für den Bildhauer Seemann war der »Flößerbrunnen« vor dem Bissinger Rathaus. Damit der Brunnen seine Wirkung erzielen konnte, waren am Rathaus und um den Rathausplatz einige Umbauten fällig.

Dass der Brunnen heute so wirkt, als stünde er schon immer da, dass man ihn aus dem Gesamtambiente nicht mehr wegdenken kann – genau darin liegt die Kunst seines Gestalters. Denn wie sagt Seemann selbst: »Für mich ist dieses Projekt ein gutes Beispiel dafür, dass eine städtebauliche Veränderung um eine Brunnenplastik dann gelungen ist, wenn es niemandem mehr auffällt, dass sie ein Teil des Bildhauerentwurfes ist.«

Karl-Henning Seemanns Werk bekam 1966 den renommierten Rudolf-Wilke-Preis der Stadt Braunschweig, von 1974 bis 1997 war er Professor an der Staatlichen Akademie der Bildenden Künste in Stuttgart. Dort könnte man sich eine weitere Seemann-Skulptur sehr gut vorstellen: mit seiner Art, Skulpturen lebendig werden zu lassen, gewürzt mit einer leichten Prise Ironie, wäre ein Brunnen namens »Stuttgart 21« auf dem Bahnhofsplatz durchaus denkbar.

Adresse Der »Reiter« steht, von Besigheim kommend, gleich am Ortseingang von Löchgau. Noch mal Kunst: das Heuss-Denkmal, Obertorstraße 27, 74336 Brackenheim | **Pkw** Von Bodenheim kommend, biegen Sie links in die Obertorstraße ein. | **Tipp** Theodor-Heuss-Museum, gleich beim Denkmal, geöffnet Do 14–17 Uhr, Sa, So, Feiertage 11–17 Uhr, 15. Dez.–15. März Sa geschlossen. Im Heuss'schen Geburtsort erfährt man alles über das Leben und das Wirken des ersten Bundespräsidenten.

65_Das Nagelmuseum

Viertausendundein Drahtstift

Die Geschichte des Nagels beginnt früh, irgendwann in der Bronzezeit. Doch richtig ernst nahm man den Stift erst in der Zeit nach Christi Geburt, und es waren mal wieder die Römer, die dort am Anfang standen. Nicht nur dass sie den Heiland an ein Kreuz »nagelten«, auch beim Bau ihrer Kastelle setzten sie Nägel ein. Dann kam die Idee auf, Schuhsohlen mit Nägeln für eine bessere Standhaftigkeit zu versehen.

Im Mittelalter galt der »Nagelmacher« als angesehener Berufszweig, um 1620 legte in Koblenz der erste Meister seine Prüfung im Nagelmacherhandwerk ab. Zu Beginn des 19. Jahrhunderts verdrängte die Erfindung des Drahtstiftes durch den Engländer James White die traditionell geschmiedeten Nägel.

Einige Jahrzehnte später, im Jahr 1876, kommt nun die Firma von Wilhelm Röcker in Löchgau ins Spiel. In den Jahren bis 1972 wurden bei Röcker über 4.000 verschiedene Nagelsorten hergestellt: vom Hackennagel zum Fixieren von Rohren über den Hufnagel hin zum Dachpappennagel, Ankernagel, Kamm-, Rillen- oder Ringnagel – alles aus der Löchgauer Produktion. Doch 1974 war Schluss mit Röcker, zu lange hatte man auf die althergebrachte Fertigung unter anderem von Schuhnägeln gesetzt, und das Bauwesen, lange ein Röcker'scher Großabnehmer, verlegte sich beim Häuslebauen auf Schrauben statt auf Nägel. Die Muster der Nagelfabrik Röcker, aber auch die einiger ehemaliger Konkurrenzfirmen, bildeten 1998 den Grundstock für das heutige Nagelmuseum, das in seinen Anfängen noch im Keller der örtlichen Schule untergebracht war. Der »Arbeitskreis Dorfbild Löchgau e.V.« konnte 2011 in das sanierte ehemalige Vetter'sche Anwesen umziehen und präsentiert nun ein modernes, hoch spannendes Museum rund um das Thema »Nagel« in all seiner historischen, handwerklichen und ab und an auch kuriosen und magischen Bedeutung, ganz nach dem Museumsmotto: »In Löchgau weiß man, wie man Nägel mit Köpfen macht!«

Adresse Obere Straße 8, 74369 Löchgau | **Pkw** Von Besigheim kommend suchen Sie sich, kurz bevor die Besigheimerstraße in die Bietigheimer Straße mündet, einen Parkplatz und laufen von dort in die Obere Straße. | **Öffnungszeiten** jeden 1. So im Monat 14–17 Uhr, Führungen für Gruppen, auch abends, sind nach tel. Voranmeldung möglich; Tel. 07143/27090 | **Tipp** Der Löchgauer Verkehrskreisel mit der blauen Nagelskulptur – immer wieder in der Diskussion, sehenswert und erhaltenswert!

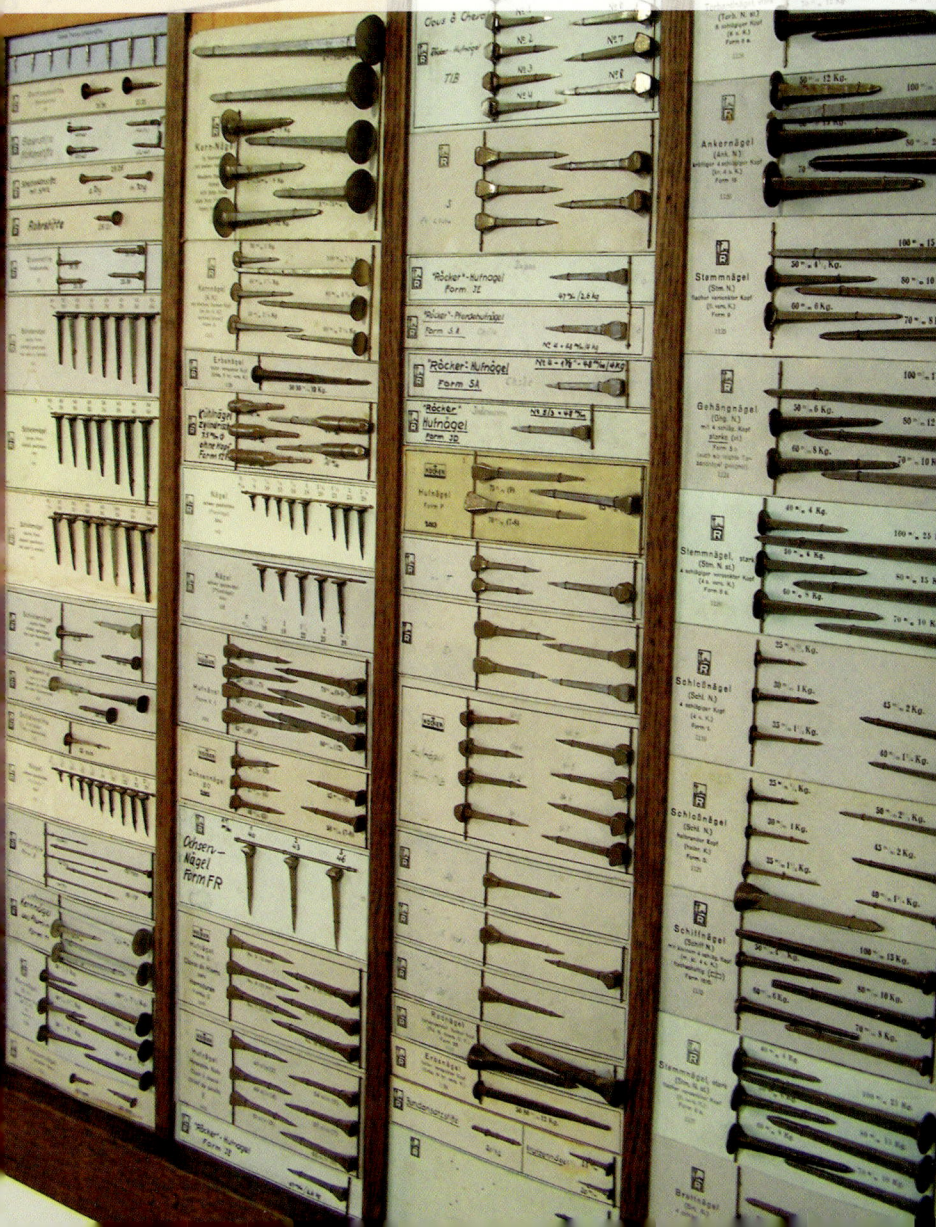

66 Das UNESCO-Weltkulturerk

Berühmte Schüler in Maulbronn

Eine Klosterbesichtigung ist immer eine spannende Angelegenheit. Bei einer so gewaltigen, hervorragend erhaltenen Anlage wie Maulbronn kann aber neben der Spannung anfänglich auch noch ein wenig Verwirrung aufkommen ob der vielen Hinweisschilder und abteitechnischen Spezialausdrücke. Deshalb kann ein kleiner Klosterkursus von A−Z wohl niemandem schaden.

Da hätten wir gleich zu Anfang das »Bursarium«, also die Klosterverwaltung, das »Cellarium«, das ist der Vorratskeller des Klosters, das »Dormitorium«, da schlafen die Mönche, die »Infirmerie«, ergo das Krankenhaus, die »Mensa« − nein, das ist jetzt nicht die Kantine der Ordensleute, hier meint »Mensa« die Platte eines Altars. Für Z steht dann die »Zisterne«, der Ort des Wassers. Mit diesen Grundkenntnissen ausgestattet läuft es sich schon viel entspannter durch die mächtige Maulbronner Anlage.

Ob die prominenten Klosterschüler ebenfalls immer entspannt durch die Baustätte spazierten, ist nicht überliefert, doch angesichts des beeindruckenden Lehrpensums eher unwahrscheinlich. Maulbronns Klosterschule besuchten unter anderem so wichtige Menschen wie Johannes Kepler, Friedrich Hölderlin, Justinus Kerner, Georg Herwegh, Hermann Kurz, Hermann Hesse und eine der wenigen Frauen: Caroline Schelling. Madame Schelling gehört zu den ungewöhnlichsten Frauengestalten des 18. und 19. Jahrhunderts. Caroline, verehelichte und verwitwete Böhmer, wurde als Schwärmerin für die Republik 1793 verhaftet und inhaftiert − zu ihrem illustren Freundeskreis gehörten Goethe und Schiller, Wieland, Fichte und Schleiermacher. Nach der Scheidung von Ehemann Nummer zwei, Wilhelm Schlegel, heiratete sie den Philosophen Friedrich Wilhelm Schelling. Dessen Vater war Prälat in Maulbronn. Während eines Besuches dort erkrankte Caroline an der Ruhr und verstarb am 7. September 1809. Der Grabobelisk für Caroline Schelling ist auf dem Klosterfriedhof zu finden.

Adresse Kloster, 75433 Maulbronn | **ÖPNV** Bus 700 oder 772 (Klosterexpress) | **Pkw** von der B 35 in die Maulbronner Straße einfahren, dann auf die L 1131, Stuttgarter Straße einbiegen, auf der linken Seite liegt das Kloster | **Tipp** Die Klosterkonzerte in Maulbronn. Seit 1968 wird in Maulbronn musiziert, heute gehören die Klosterkonzerte zur ersten Liga der bundesdeutschen Festivals. Infos bei der Stadtverwaltung Maulbronn, Klosterhof 31, 75433 Maulbronn oder unter www.klosterkonzerte.de.

67 Der Weinpfad am Klosterberg

In vino veritas

Schon im 12. Jahrhundert wurde auf dem Klosterberg zu Maulbronn Wein angebaut, doch die Art und Weise, wie dieser Weinberg angelegt wurde, ist sehr ungewöhnlich. Die Terrassen sind in einer Art Schieflage angebracht und mit mächtigen Mauern gesichert. Mit den schiefen Terrassen nahm man dem Berg ein wenig von seiner Steilheit, und die »Wengerter« – die Weinbauern oder Weingärtner – erschufen sich damit ein wenig Bequemlichkeit beim Arbeiten am Berg. Auf etwa zwei Kilometern, vorbei an 16 Informationstafeln, erfährt man heute auf dem Rundweg durch Maulbronns Klosterberg einiges über die Besonderheiten des Weinbaues und der Streuobstwiesen.

Die wichtigsten Rebsorten der Kraichgau-Stromberg-Region sind neben dem Riesling und dem Acolon, einer Kreuzung aus Dornfelder- und Lemberger-Reben, selbstverständlich der Schwarzriesling, der Trollinger und der Lemberger. Wie vielen Weinfreunden jedes Mal das Wasser im Mund zusammenläuft, wenn etwa Tatort-Kommissar Bienzle (auch in der, gefühlt, elften bis 13. Wiederholung) sich einen Trollinger mit Lemberger bestellt, ist statistisch noch nicht nachgewiesen. Aber es sind nicht nur einheimische Baden-Württemberger, die diesen herrlichen Tropfen zu genießen wissen – am besten zu Maultäschle (die sollen ja die Mönche in Maulbronn erfunden haben) mit geschmelzten Zwiebeln.

Die Weinlagen um Maulbronn sind der »Eilfingerberg«, der »Closterberg«, der »Scheuelberg« und der »Hamberg«. Die Zisterziensermönche gründeten das Kloster in der Mitte des 12. Jahrhunderts im einsamen Salzbachtal. Über einen der Diener Gottes, den man den »Elffingermönch« nannte, kursiert die Geschichte, dass der wackere Ordensbruder, der ja eigentlich maßvoll und keusch leben sollte, immer gerne das Angebot annahm, je einen Finger in ein Weinfass zu stecken, um dann den Beerensaft genussvoll abzuschlecken, und danach meinte: »Ach, hätt ich doch nur elf Finger.«

Adresse Am Kloster, 75433 Maulbronn | **ÖPNV** VPE-Bus 700 oder 772 (Klosterexpress) und dann auf dem Friedhofsweg zur Rückseite des Klosters. Hier beginnt die Wanderung. | **Pkw** von der B 35 in die Maulbronner Straße einfahren, dann auf die L 1131, Stuttgarter Straße einbiegen, auf der linken Seite liegt das Kloster | **Tipp** Das »Maulbronner Klosterfest«. Alle zwei Jahre gibt es Gaukelei und Magie, da treffen sich Laternenmacher und Seifensieder, und die Stimmung ist ausgelassen. Infos unter www.maulbronn.de.

68 Die Steinhauerstube

Die Quarrymen aus Schmie

Da streiten sich mal wieder die Gelehrten. Waren nun die Steinhauer ausschließlich die, die in Steinbrüchen den Stein »brachen«, um diesen dann dem Steinmetzen zu übergeben, der daraus kunstvolle Gebäude gestaltete und errichtete? Oder waren auch Steinhauer – Quarrymen nennt sie der Engländer – bemächtigt und befugt, prächtige Gebäude zu erstellen? Im Maulbronner Ortsteil Schmie jedenfalls bezieht man sich auf den legendären Conrad von Schmie, der war Steinhauer und hinterließ eindrucksvolle Spuren am UNESCO-Welterbe Kloster Maulbronn. So gesehen sprechen wir hier auch von einer Spielart der Bildhauerei, die zwar eher zuständig ist für Plastiken und Skulpturen, doch auch hier wird das klassische Werkzeug zur Steinbearbeitung verwendet: Hammer, Meißel, Winkel und Zirkel. Conrad war um 1500 ein führender Baumeister und ein eifriger Laienbruder, der mit den Maulbronner Mönchen in beiden Sparten, quasi unter dem Motto: »ora et construera«, hervorragend zusammenarbeitete. Am Kloster selbst verdingte sich Conrad speziell an dem Bau, in dem das Oratorium und das Parlatorium untergebracht sind – also das Bethaus und das Gebäude, in dem die Mönche von ihrem Schweigegelübde entbunden sind und zeitlich begrenzt miteinander sprechen dürfen.

Die »Steinhauerstube« im Dorfmuseum Schmie hat einiges zu bieten, und man kann sich nach einem Besuch wunderbar bildlich vorstellen, wie die Steinhauer in vorherigen Jahrhunderten geschuftet haben müssen, um so prächtige Anwesen wie das Maulbronner Kloster zu erschaffen. Besonders beeindruckt ein uralter Kran, handbetrieben und von der Marke »Prinzip Flaschenzug«. Das Museum wird – wie so oft – mit viel Engagement von einem Bürgerverein betrieben, dessen Mitglieder abwechselnd durch das Museum führen. Beim Verlassen des Gebäudes weisen diese gerne auch auf die Zisterne schräg gegenüber hin. Dort steht – was denn sonst – der Steinhauerbrunnen.

Adresse Hauptstraße 1, 75433 Maulbronn-Schmie | **Pkw** von der B 35 Richtung Schmie auf die K 4513 abbiegen, dann von der Strombergstraße rechts in die Hauptstraße | **Öffnungszeiten** April–Okt. jeden 1. und 3. So im Monat 14–17 Uhr | **Tipp** Steinhauermuseum in Eppingen-Mühlbach in der Hauptstraße. Auch hier wird viel Wissen um die mühevolle Arbeit der Steinhauer vermittelt.

69 Der Bauernprophet

Herr Müller trifft den König

Eine Geschichte, die von einem Propheten handeln soll, sollte doch wenigstens etwas mystisch oder vielleicht ein wenig romantisch sein. Die Geschichte des Johann Adam Müller, den alle nur den »Bauernpropheten« nannten, hat aber keines der beiden Elemente. Im Gegenteil: Die Geschichte spielt sich eher vor einem bitterarmen und ziemlich unerfreulichen Hintergrund ab.

Müller kommt 1766, nach anderen Angaben 1769, in Meckesheim zur Welt. Hineingeboren wird er in eine tiefreligiöse Familie – Religion, das war bei vielen Menschen der untersten Schichten zu jener Zeit das einzige probate Mittel, um wenigstens im Geiste aus der bitteren Armut entfliehen zu können. Die Bibel wird auch für den jungen Johann Adam zum Rettungsanker. Täglich liest er in ihr, das Buch wird sein ständiger Begleiter. Schon früh erkennt er zudem, was in seiner Familie von Generation zu Generation weitergegeben wurde. Alle Müllers hatten die Gabe der Prophetie, sie hatten das »zweite Gesicht«. Menschen mit solchen außergewöhnlichen Gaben befinden sich automatisch in einer Minderheit. Wohl auch, weil ihre Voraussagen meistens von Katastrophen wie Bränden, Unglücksfällen oder Krieg handeln. Auch Müller hatte unter seinen Fähigkeiten zu leiden. Die Menschen seiner Umgebung verstanden nicht, welchen beachtlichen Kerl sie in nächster Nähe hatten, stattdessen überzogen sie ihn mit Hohn und Spott.

Eine seiner Visionen rankt sich um die napoleonischen Kriege, eine dieser Weissagungen – er prognostizierte die Niederlage Napoleons – trägt er König Friedrich Wilhelm III. von Preußen vor. Nachdem alles eingetroffen war, was Müller orakelte, wird er erneut vom König empfangen und hoch geehrt. So bekommt die Geschichte dann doch noch ihr wohlverdientes Happy End. Die Leute in seiner Heimat vernehmen die Ehrung durch den König, und ab jetzt vergöttern sie ihren Johann Adam Müller ebenfalls – er ist ihr Bauernprophet.

Adresse Friedrichstraße, 74909 Meckesheim | **Pkw** von der B 45 in die Bahnhofstraße ab-
biegen, hier wird die Bahnhofstraße zur Friedrichstraße | **Tipp** Die Horrenberger Höhle
des »Dachsenfranz« in der Nähe des Waldspielplatzes in Dielheim-Horrenberg an der
L 612. Francesco Regali, der Dachsenfranz, war Freiwilliger unter Giuseppe Garibaldi im
Risorgimento, desertierte aber – heute eine Kultfigur.

70__Das Ferdinand-Adolf-Kehrer-Haus

Sectio Caesarea

Bei der Sectio Caesarea – dem Kaiserschnitt – unterscheidet man zwei Typen: den bereits vor der Geburt geplanten Schnitt (primäre Sectio) und der während der Geburt notwendigen, das Leben von Mutter und Kind rettenden sekundären Sectio. Als »Vater« der modernen Kaiserschnittmethode gilt Ferdinand Adolf Kehrer.

Es war der 25. September 1881, laut Wetterarchiv ein schöner Herbsttag mit Temperaturen um 16 Grad. Die 26-jährige Emilie Schlusser liegt hochschwanger darnieder, ihr Hausarzt sieht sich mit der Situation überfordert. Hilfesuchend wendet sich der Mann an Professor Ferdinand Adolf Kehrer, Ordinarius für Frauenheilkunde an der Universität zu Heidelberg. Kehrer setzt sich sofort nach dem Eintreffen des Telegramms in Bewegung und fährt mit dem Zug die etwa 20 Kilometer nach Meckesheim. Beim Betreten des bescheidenen Heimes der Familie Schlusser erkennt der erfahrene Gynäkologe sofort, dass eine normale Entbindung bei Frau Schlusser, die schon drei Kinder auf natürlichem Wege zur Welt gebracht hat, nicht möglich ist, nur ein Unterbauch-Querschnitt kann noch helfen. Im faden Schein von zwei Öllämpchen, mit der Hilfe von zwei Assistenzärzten und einer Hebamme, wagt Kehrer diesen ersten Schnitt – zur nachhaltigen Freude von Mutter und Kind, die beide ein hohes Lebensalter erreichen.

Kehrers Methode findet auch heute noch Anwendung – doch die Medizin hat sich selbstverständlich seit 1881 weiterentwickelt. Heute gibt es auch die sogenannte Misgav-Ladach-Methode – den schonenden Kaiserschnitt, die »sanfte Sectio«. Der Mediziner versucht dabei, weniger Nervenbahnen und Gefäße zu verletzen, und verkürzt die Dauer des Eingriffes auf etwa eine Viertelstunde. Die Patientinnen haben danach deutlich weniger Schmerzen und brauchen daher auch erheblich weniger schmerzstillende Mittel.

Adresse Prof.-Kehrer-Straße, 74909 Meckesheim | **Pkw** von der B 45 in die Bahnhofstraße abbiegen, die 2. Straße rechts ist dann die Prof.-Kehrer-Straße | **Tipp** Volkssternwarte Meckesheim, Kettengasse. Hier kommt man Sternen und Planeten richtig nahe, allerdings nur im Rahmen einer Führung. Infos unter: carpenoctem-meckesheim@web.de.

71__Die Sendemasten des SWR

Das Ende der Mittelwelle – Rettet den Sender!

Am 8. Januar 2012 um 23 Uhr war es so weit. Der Mittelwellensender Mühlacker auf 576 Kilohertz wurde endgültig abgeschaltet. Dass dies durch den SWR ohne eine Abmoderation, ohne ein Wort an die langjährigen Hörer der Mittelwelle geschah, verärgerte die Stammhörer nachhaltig – »einfach schlechter Stil« war noch die gepflegteste Bemerkung, die zu hören war.

»Achtung Südfunk, Achtung Südfunk – hier ist der erste deutsche Großsender Mühlacker.« Als dieser Satz zum ersten Mal 1930 durch den Äther rauschte, waren die Leute begeistert. Von der Illinger Höhe bei Mühlacker, das sich seitdem als die »Senderstadt« bezeichnet, kam ein Radioprogramm ohne Knarzen und Störungen: Radio hören wurde zum Genuss. Das Reichspostministerium hatte nach detaillierten Messungen Mühlacker als idealen Sendestandort für die Sendemastanlagen bestimmt. Seit dieser Zeit gehören die Masten zur Stadt; neben der Burgruine Löffelstelz sind sie ein Wahrzeichen, für die Mühlacker standen sie schon immer da, gehören einfach dazu. Doch nach der Abschaltung der Mittelwelle, welche aus Sicht des Senders notwendig war, denn »MW ist einfach nicht mehr zeitgemäß und unattraktiv«, und dem angekündigten Abbau des kleinen Mastes, haben die Bürger der Sendercity nun Angst, dass es auch der großen Nadel an den Kragen gehen könnte. Immerhin hat der SWR bis dato noch kein neues Senderkonzept auf dem Tisch liegen – Sender Mühlacker ist also in Gefahr.

Doch die Stadt ist sich einig. Denn für fast jeden Mühlacker Bürger käme es einer Katastrophe gleich, wenn die Masten von der Höhe verschwinden würden. Sind doch seit den 1930er Jahren Generationen mit dem Sender aufgewachsen, die Masten sind, wie die Freunde von sendercity.de unterstreichen, das Markenzeichen und das Identifikationsobjekt Mühlackers, um dessen Erhaltung man kämpfen muss. Dafür werden nun Aktionen gestartet – man darf gespannt sein.

Adresse Senderstraße, 75417 Mühlacker | **Pkw** die B 10 von Mühlacker Richtung Vaihingen befahren, am Ortsende rechts in die Senderstraße einbiegen | **Tipp** »Kultur auf der Burg Löffelstelz«, inklusive einer Einkehr in die Burggaststätte, Geißbergweg 51, 75417 Mühlacker.

72_Rugby am Rossmarkt

Reich mir mal das Rotationsellipsoid

Auch wenn es auf den ersten Blick nicht danach aussieht: Auch der Rugbysport hat seine festen Regeln. Sinn des Spiels ist es erst mal grundsätzlich, dass die Spieler um einen eiförmigen, einen rotationsellipsoiden Ball kämpfen. Jedwede Polsterungen und Schutzhelme sind verboten – zu leicht könnte sich ein Mitspieler daran verletzen. Der Sportdress besteht aus einer Rugbyhose, Stutzen und Stollenschuhen.

Das Ziel des Spieles ist es, dass ein Spieler in einen bestimmten Bereich des Spielfeldes, das »Malfeld«, gelangt und dort den Ball ablegt. Dafür bekommt die Mannschaft fünf Punkte. Schießt ein Spieler den Ball durch die Rugbystangen, gibt es zwei Punkte, wenn der Ball durch einen Dropkick durch die Stangen befördert wird, drei. Die Mannschaftsteile bestehen aus dem Sturm, der Verbindung und der Dreiviertelreihe. Angreifen darf man nur auf vier Arten. Einmal durch das Umlaufen des Gegners, dann gibt es den Überkick, also man kickt den Ball über den Gegner, oder man passt auf einen Mitspieler und umläuft so den Gegenspieler. Ein typisches Rugbybild ist es, wenn Variante vier ins Spiel kommt. Dabei halten sich einige Spieler aneinander fest und versuchen, über den Ball am Boden den Gegner wegzudrücken. Schwierig wird es nun, wenn man dieses Gedränge beschreiben soll. Denn die Rugbyregeln unterscheiden zwischen dem »angeordneten Gedränge« und dem »offenen Gedränge«. Lässt man ein Gedränge zusammenbrechen, gilt das klar als Regelverstoß.

Rugby, wie es in Neckarsulm gespielt wird, hat in Deutschland noch nicht die Popularität wie in anderen Ländern. Die führenden Rugbynationen sind Australien, Neuseeland, Südafrika und Argentinien. Doch dieses rasante, körperbetonte, schnelle Spiel wird dank so hervorragender Mannschaften wie der aus der Stadt am Neckar auch bei uns immer mehr Publikum anziehen. Gehen Sie einfach mal hin und sehen sich ein Spiel an – es lohnt sich!

Adresse Sportlerheim Obereisesheim, Eberwinstraße 26, 74172 Neckarsulm | **Pkw** von der A 6 Ausfahrt 36 Richtung Obereisesheim nehmen, dann von der L 1100 links in die Wimpfener Straße einbiegen, dann rechts hinein in die Eberwinstraße, an deren Ende liegt Ihr Ziel | **Tipp** Das Audi Forum Neckarsulm, NSU-Straße 1. Ob Sie auch mit einem BMW auf den Forum-Parkplatz fahren dürfen? Aber sicher. Aber was ist eigentlich ein BMW?

73_ Der Scheuerberg

Die Heroldrebe und der Zwiebelrostbraten

1834: Georg Büchner und Friedrich Ludwig Weidig prangern im »Hessischen Landboten« die sozialen Missstände im Großherzogtum Hessen an und gründen die geheime »Gesellschaft für Menschenrechte«. Hier werden die Weichen auch für die Badische Revolution 1848 gestellt.

Ebenso weitreichend und auch revolutionär ist die Weichenstellung in Neckarsulm: die Herren Wilhelm Fischer, Viktor Brunner und einige andere Bürger gründen den ersten deutschen Weingärtnerverein. Schon zu dieser Frühzeit des Marketings hatten diese Gründerväter den richtigen Riecher. Denn ihre Zielsetzung war klar: Man wollte gemeinsam »den Weinbau durch Beschaffung und Austeilung von geeigneten Reben in geeigneten Lagen fördern«. Der Weingärtnerverein, später die Weingärtnergesellschaft, steuerte die Neckarsulmer Winzer erfolgreich durch die Jahre. Ab 1928 kommt dann das Neckarsulmer Eigengewächs August Herold ins Spiel. Nach gründlicher Ausbildung und Studium war er Leiter der Württembergischen Anstalt für Rebenzüchtung und Rebenpfropfung in Weinsberg geworden, und somit war er auch für den Scheuerberg in seiner Heimatstadt zuständig. Auf die Initiative Herolds gehen, neben der nach ihm benannten Heroldrebe, unter anderem die neuen Rebsorten Kerner und Dornfelder zurück, doch – mit Verlaub – die Füße küssen müssen wir Weinliebhaber Herold speziell deshalb, weil er sich intensiv für die Erhaltung alter und nicht mehr als sonderlich attraktiv empfundener Reben wie der Trollingertraube einsetzte. Ein Weinlehrpfad am Scheuerberg würdigt dieses Verdienst des 1973 verstorbenen Weinbaufachmanns.

Der Scheuerberg umfasst etwa 75 Hektar Anbaufläche mit so leckeren Sorten wie Riesling, Schwarzriesling oder eben dem feinen Trollinger. Den braucht es unbedingt dazu, wenn man die Leibspeise der Badener und der Württemberger genießen darf – den Zwiebelrostbraten mit hausgemachten Spätzle. Mahlzeit!

Adresse Scheuerberg, 74172 Neckarsulm | **Pkw** von der B 27 der Ausschilderung »Aquatoll« folgen, dann links in den Reutweg einbiegen | **Tipp** »Aquatoll«, Wilfenseeweg 70, 74172 Neckarsulm. Erlebnisbad und Saunawelt, Solebad und Kinderwelt – 400.000 Badegäste im Jahr können nicht irren.

74 Das Zweirad-Museum

Nie mehr laufen – Quickly kaufen

Es ist ein Graus.

Für Generationen stand das Kürzel NSU für starke Motorräder wie die Lux von 1951 oder so charaktervolle Automobile wie den NSU Prinz, den Wankel-Spider oder den unschlagbar eleganten Ro 80. Hört oder liest man heute die Nachrichten, taucht auch beständig das Kürzel NSU auf, und der Motorsportfreund ist erst irritiert, dann konsterniert und am Ende nur noch stinksauer. Wird doch sein motoristisches Herzblut durch die Kürzelgleichheit mit dieser unsäglichen braunen Terrorzelle, des »Nationalsozialistischen Untergrundes« (eben auch NSU), durch die ständige Verwechslung bis in die letzte Ecke gequält. Freunde der Marke aus Neckarsulm müssen sich, wenn sie ihre – auch weiterhin mit Stolz getragenen – Vereinsmützen mit dem Logo der Marke NSU aufsetzen, ständig dafür rechtfertigen. Außerdem wird es mit der Zeit langweilig, Sprüche wie »Ach, du bist auch beim braunen Untergrund« zu hören.

Die Geschichte der Traditionsmarke NSU wird in beeindruckender Breite im Neckarsulmer Zweirad-Museum dargestellt. Ein besonderes Highlight ist dabei ein eher unspektakuläres motorisiertes Fahrrad – die NSU Quickly. 1953 erstmals vom Band gelaufen, war dieses einfache Maschinchen von Anfang an ein Verkaufserfolg. Mit ihrem 1,4 PS starken Einzylinder-Zweitaktmotor erreichte die Quickly unglaubliche 40 Kilometer in der Stunde und war, gleich nach dem verlorenen Krieg, so etwas wie der lang ersehnte Traum von Freiheit und Individualität. Bis 1969 wurde an den Bändern der Stadt, in der die Sulm in den Neckar mündet, produziert, insgesamt dürften annährend anderthalb Millionen Quicklys ausgeliefert worden sein. Für die Damen und Herren der NSU Fanclubs ist es zwar im Moment äußerst ärgerlich, dass ihr Clubname ständig durch die Presse geht. Doch man ist auch zuversichtlich, denn die Zeit wird kommen, in der man mit NSU nur wieder die Traditionsmarke vom Neckar assoziiert.

Adresse Urbanstraße 11, 74172 Neckarsulm | **Pkw** aus Bad Friedrichshall kommend die 1. Abfahrt der B 27 in Richtung Neckarsulm, die berühmte NSU-Straße nehmen, dann links in die Felix-Wankel-Straße, gleich wieder rechts in die weniger berühmte Grabenstraße um dann rechts in die Urbanstraße einzubiegen | **Öffnungszeiten** Di – So 9 – 17 Uhr | **Tipp** Auto und Technik Museum Sinsheim, Museumsplatz, 74889 Sinsheim. Ob Tupolev Tu 144 oder eine originale Concorde, Technikfreaks kommen hier voll auf ihre Kosten.

75__ Der Blumensommer

Blütenmeer und »Glockenstupfer«

»Mehr Natur in unserer Gemeinde« – so hieß das Motto des ersten Nordheimer Blumensommers 2003. Das Land Baden-Württemberg unterstützte die Nordheimer Bürger, und aus dem ersten Blumenfest wurde eine rundum gelungene Veranstaltung. Als »kleine Landesgartenschau« wird es nun alle zwei Jahre wieder in Nordheim gefeiert.

Aber nicht nur während der Blumensommer-Tage ist Nordheim ein Augenschmaus. Schon am Ortseingang fühlt man, dass man eine besondere Gemeinde betritt. Kommt man dann in die Ortsmitte, fällt dem Besucher sofort eine Skulptur ins Auge – der »Glockenstupfer«. Diese Brunnenfigur ist eine der zahlreichen Schöpfungen des Künstlers Karl-Henning Seemann aus Löchgau. Seemann-Skulpturen findet man in der ganzen Region – ob die »Drei Schwätzer« und der »Flößerbrunnen« in Bietigheim-Bissingen, der »Theodor Heuss« in Brackenheim oder die »Dicke Gebückte« in Löchgau – in vielen Städten und Gemeinden der Region hat der Künstler seine Spuren hinterlassen.

Das Thema des Nordheimer Brunnens leitet über auf den Spottnamen für die Leute aus Nordheim. Die damit verbundene Geschichte hat, wie bei fast allen Legenden, einen wahren historischen Kern. Im Jahr 1693 wurde in der Folge des Pfälzischen Erbfolgekriegs die örtliche Kirche zerstört, und auch der Kirchenglocke ging man verlustig. Als dann Jahre später im Polnischen Erbfolgekrieg ein ähnliches Schicksal drohte, versenkten die Einwohner ihre Glocken zu deren vermeintlichem Schutze im Neckar. Nach Beendigung der Kampfhandlungen wollte man dann natürlich die Glocken wieder aus dem Fluss heben, und man stupfte – man stocherte – mit Stangen den Fluss ab. Ob es gelang? Davon berichtet die Geschichte nichts. Seit dem 23. Juni 2001 jedenfalls steht nun, fest und unverrückbar, das wunderbare Kunstwerk von Professor Seemann in unmittelbarer Nachbarschaft von Pfarrhaus, Kirche und Bücherei.

Adresse Rathauspark, 74226 Nordheim | **Pkw** von Leingarten in Richtung Nordheim fahren, am Ende der Straße links in die Großgartacher Straße einbiegen, dann links in die Hauptstraße fahren, am Rathaus beginnt dann der Park | **Tipp** Die Wohnmobilstellplätze in der Nähe des Freibades, Tel. 07133/988244.

76_ Das Aschingerhaus
Die Schrippe kostet nix!

Karl Aschinger wurde 1855 in Oberderdingen geboren, sein Bruder August sieben Jahre später. Die beiden folgten 1892 ihrem um einige Jahre älteren Bruder Friedrich, geboren 1845, nach Berlin. Mit diesem Umzug begann eine der atemberaubendsten Geschäftsgründungen Ende des 19. Jahrhunderts. Wer glaubt, Mr. McDonald oder Sir Burger King hätte die Schnellrestaurants erfunden, irrt. Mit dem Konzept der »Aschinger Bierquellen« waren die Oberderdinger Brüder der gastronomischen Entwicklung um Jahre voraus. Wer nur mal schnell einen Snack verdrücken wollte, ging zu »Aschinger« in die Neue Rossstraße.

Sich mal schnell einen genehmigen? In der »Bierquelle« der Gebrüder bezahlte man zehn Pfennige für ein Helles, dafür konnte man von den Aschinger Schrippen aus der eigenen Bäckerei so viel essen, wie man wollte. Dieses Arrangement rettete so manche Künstlerseele vor dem Verhungern. Wer etwas mehr Geld in der Tasche hatte, ließ sich von der Kaltmamsell am Tresen einen »Hackepeter« servieren und verspeiste den an den Stehbiertischen. In den folgenden Jahren erweiterten die Aschingers ihr Imperium immer wieder. Neben den »Bierquellen« entstanden nun auch regelrechte Restaurants mit Sitzplätzen und täglich wechselnden Tagesgerichten wie »Heringe in saurer Sahne« zu 30 Pfennigen oder »Erbsensuppe mit Speck« zu 50 Pfennigen.

Karl und August Aschinger behielten zeitlebens engen Kontakt zu ihrem Geburtsort Oberderdingen. August heiratete ganz bewusst seine – aus der oberen Gesellschaft Berlins stammende – Helene in seinem Heimatort. 1910 wird August sogar die Ehrenbürgerwürde angetragen, der Bürgermeister verwies dabei auf die »jahrelangen Wohltätigkeitsakte und Freigebigkeitsleistungen« der Aschinger-Brüder. Auch sein Geburtshaus hinterließ August der Stadt Oberderdingen. Das fein renovierte Fachwerkhaus ist heute Heimstätte einer Galerie und eines Museums.

Adresse Aschingerstraße 3, 75038 Oberderdingen | **Pkw** von Sternenfels (L 1103) kommend, steht das Haus auf der rechten Seite | **Öffnungszeiten** Mi−So 14–17 Uhr, im August geschlossen; Führungen nach Vereinbarung | **Tipp** Das Bierasyl im Weinländle: das »Paulaner Wirtshaus« im Hotel Lindner, Hemrich 7, 75038 Oberderdingen.

77__ Der Hexenturm

Hexe konnte jede sein

Hexenverfolgungen und Hexenverbrennungen gab es so ab 1400 bis in das 18. Jahrhundert hinein nicht nur im Kraichgau – das Problem, um es mal freundlich auszudrücken, war ein europaweites. Eine einfache Erklärung lässt sich für diesen sich immer mehr potenzierenden Wahnsinn nicht finden. Es gab viele Gründe, eine Frau als Hexe oder Schwarzkünstlerin zu bezeichnen. Schon immer nutzten Denunzianten die Möglichkeit, ihnen missliebige Personen anzuschwärzen. In jüngerer Vergangenheit genügte es, wenn man seine Nachbarn als Juden verdächtigte, Jahrhunderte vorher ging die gleiche Hinterlist mit dem Ausdruck »Hexe« einher. Oder einer der vielen Kleinstaatenfürsten hatte einen Rochus auf ein Dorf eines anderen Kleinstpotentaten – kein Problem, man mache es nur schnell zum »Dorf der Frevler und Mordbrenner«, und schon ging die Geschichte ihren Gang.

Auch um Oberderdingen machte der Aberglaube, der Hexenwahn, keinen Bogen. Einer der Wachtürme um den Amthof, heute Hexenturm genannt und einer von etlichen gleichnamigen Türmen in der Region, diente in mittelalterlichen Zeiten dazu, die bedauernswerten Personen bis zu ihrem Prozess zu inhaftieren. Diese Vorprozesszeit war für die unglücklichen Geschöpfe eine Zeit der tiefsten Qualen und der unsäglichsten Folter, die in den allermeisten Fällen dann auf dem Scheiterhaufen endete. Schauplätze von Hexenprozessen und Hexenverbrennungen im Kraichgau waren unter anderem die Ortschaften Gemmingen, Schwaigern, Odenheim und Fürfeld. In Fürfeld kam es auch zur wohl letzten Verbrennung einer Hexe. Man schrieb das Jahr 1717, angeklagt waren Anna Maria Wagemann aus Neipperg sowie ihre Schwiegertochter Anna Margarethe und zwei noch minderjährige Enkelinnen der Wagemann. Gerichtsherr war Johann Dietrich von Gemmingen. Um es kurz zu machen: keine Chance für die Delinquentinnen. Todesurteil, vollstreckt am 5. Februar 1717 auf dem Richtplatz in Fürfeld.

Adresse Amthof, Brettener Straße, 75038 Oberderdingen | **Pkw** von der B 293 in Richtung Oberderdingen, der Ausschilderung »Amthof« folgen | **Tipp** Die Diefenbacher Mandelblüte und das Mandelblütenfest im Frühjahr. Infos unter www.sternenfels.org.

78 Das Lichtmess-Denkmal

Der Nationalfeiertag

Mit dem 40. Tag nach Weihnachten, dem 2. Februar, nimmt die Zahl der Fastnachtsveranstaltungen merklich zu. In Oberderdingen wird dieser Tag seit 1722 sehr festlich begangen. Fällt der 2. Februar auf einen Samstag oder Sonntag, dann wird erst am darauffolgenden Dienstag kräftig gefeiert. Der Tag beginnt frühmorgens um neun Uhr. Junge Männer, es müssen Junggesellen sein, ziehen zu Pferde durch den Ort, um bei dem Müller der Oberen Mühle einige Laibe Brot abzuholen. Dies hat Tradition, und wie immer ranken sich um Traditionen auch kleine Geschichten. Der Oberderdinger Erzählung nach haben kräftige junge Burschen eben im Jahr 1722 den ortsansässigen Müller vor einer Diebesbande bewahrt, und dafür schenkt er bis heute der Jugend an einem bestimmten Tag des Jahres die Lichtmesslaibe. Danach reiten die Männer durch den Ort, und am Amthof findet dann den ganzen Tag über der Lichtmessmarkt statt. Der Lichtmesstanz, der dabei ein festes Ritual darstellt, ist schon seit 1667 urkundlich erwähnt, der Markt findet seit dem 18. Jahrhundert statt.

Heute wird Ritt und Markteröffnung zünftig durch Musikkapellen begleitet. 2009 wurde beschlossen, der Lichtmess ein Denkmal zu schenken. Eine Gruppe engagierter Bürger sammelte eine erkleckliche Summe, und 2012 wurde die Plastik der Oberderdinger Künstlerin Helga Essert-Lehn aufgestellt.

Der Amthof, Schauplatz des Lichtmessmarktes, war schon in mittelalterlicher Zeit der Nabel Oberderdingens. Heute gilt er als der besterhaltene klösterliche Wirtschaftshof in ganz Süddeutschland.

Sitz hat hier auch die Weingärtnergenossenschaft Oberderdingen. Diese kleine, aber feine Gemeinschaft der örtlichen Wengerter produziert wunderbare Tröpfchen, wobei speziell die Sorten Trollinger, Lemberger, Schwarzriesling, Spätburgunder, Riesling und Kerner einen hervorragenden Ruf genießen.

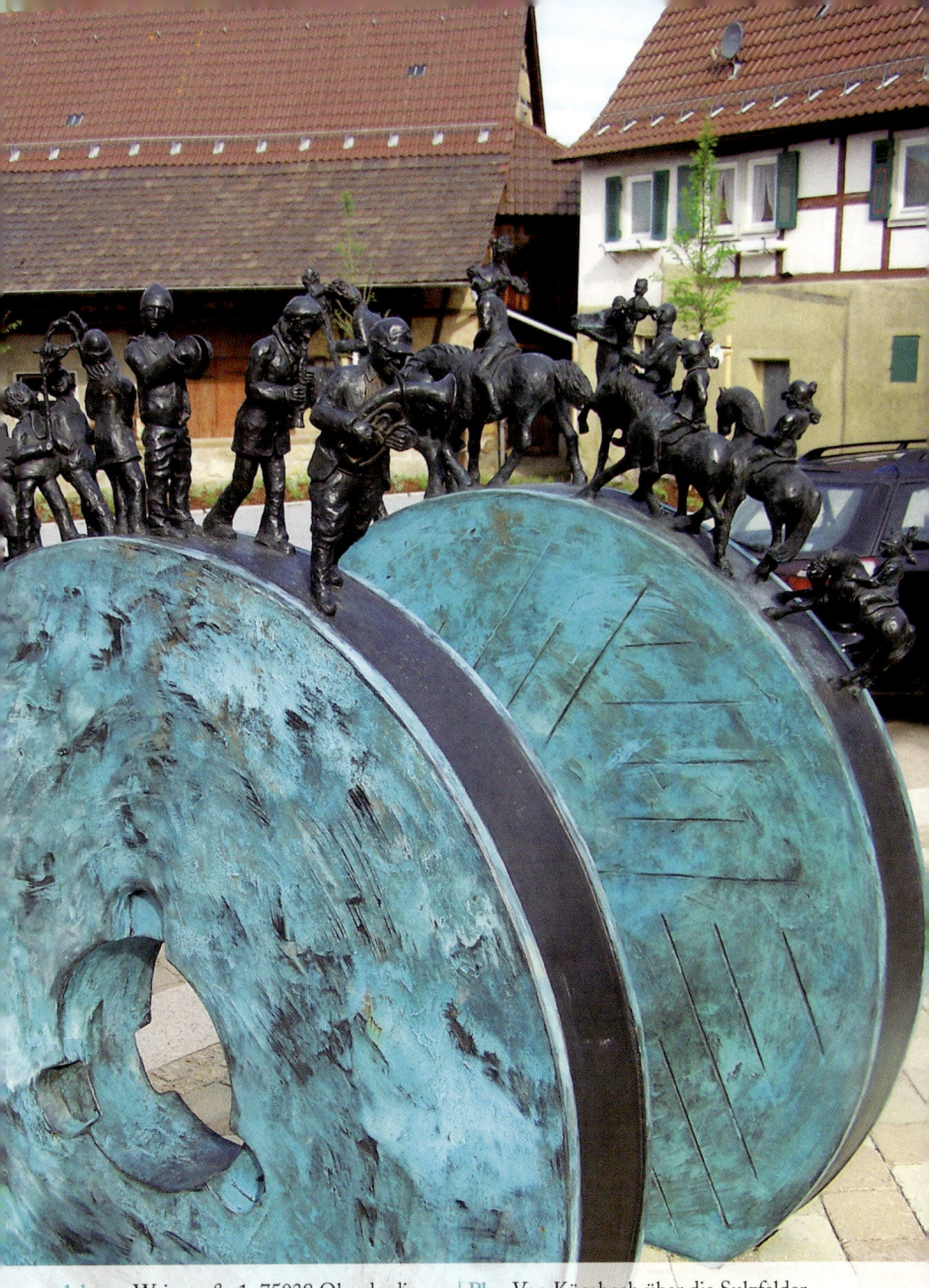

Adresse Weinstraße 1, 75038 Oberderdingen | **Pkw** Von Kürnbach über die Sulzfelder Straße in die Hauptstraße von Oberderdingen fahren. An der Ecke zur Weinstraße abbiegen, links liegt dann Ihr Ziel. | **Tipp** Wenn es nach Lichtmess mal wieder wärmer wird: Zaberfeld und seine Seen laden zum Baden und Wandern ein.

79__Der Rosengarten

A rose is a rose is a rose

Sie blüht von Mai bis September, ihre Farbe ist altrosa, und sie duftet stark. Sie ist prall, gesund und blühwillig. Als Untergrund bevorzugt sie einen tiefgründigen, nährstoffreichen und humosen Boden. Ihr Name: Steffi Graf.

Dass hier von einer Rosensorte gesprochen wird, ist augenscheinlich, denn es wäre im höchsten Maße ungalant, würde man die beliebte Tennisspielerin als prall bezeichnen. Gezüchtet hat die Rose ein Star unter den Züchtern: Karl Hetzel (1923–2003), der schon 1986 mit einer Züchtung, der er den Namen der schwedischen Kronprinzessin Viktoria gab, Aufsehen erregte. Er legte 1993 den Garten in Oberderdingen an. Dass es Hetzel gelang, die schwedische Königin Silvia für die Rosentaufe zu gewinnen, war damals ein Medienereignis. Hetzel-Rosen mussten nach der Philosophie ihres Züchters winterfest und mehltauresistent sein, dabei galt sein Interesse vorwiegend den alten Rosensorten. Gelang eine solche winterharte und schädlingsimmune Neuzüchtung, setzte er vor den althergebrachten Namen ein »Super«. So wurde aus der ehrwürdigen »Dorothy«-Rose eine »Super-Dorothy« und aus der nicht minder erlauchten »Excelsa« eine »Super-Excelsa«.

Die Liste der von Karl Hetzel gezogenen Rosen ist lang. Von der Sorte »Ascot Bonnet« bis zu »Werner von Blon« reicht sie. Zum Verkauf gebracht hat Hetzel wohl weit über 70 Rosenarten, für seine Wahlheimat Oberderdingen hat er die Sorte »Derdinger Sommer« kreiert. Die »Derdinger« ist eine »Kleinstrauchrose« mit einem sehr zarten und leichten Duft. Im Rosengarten kann man zeitweise gut 800 Rosen bestaunen, und auch fast alle Züchtungen des Meisters Hetzel sind zu sehen. Ob Kletterrosen, Strauchrosen, Beetrosen, Edelrosen oder Rosenbäumchen – alles ist im Rosengarten vorhanden. Die Ideen und die Schaffenskraft des Rosenspezialisten Hetzel lebten im Garten der Kraichgaugemeinde weiter – zur Freude von Rosenliebhabern aus aller Welt.

Adresse Nähe Schwimmbad, Badstraße 1, 75038 Oberderdingen | **Pkw** Aus Richtung Bretten durch den Kreisel fahren, dann links in die Badstraße abbiegen, hier parken und links vom Schwimmbad den Fußweg zur Innenstadt laufen. Links liegt dann der Rosengarten. | **Tipp** Im September: Kräuter- und Erntemarkt im Klosterhof Maulbronn. Ein üppiges Angebot aus der Region: Edle Brände und feine Gemüse kann man ebenso erwerben wie Kleidung aus Naturmaterialien.

80__Am Weinplateau

Vom Wein und dem Wengerterschütz in seinem Häusle

Ob sie je nach Region Weinbergschützen, Wengerterschütz oder Weinberghüter heißen, ehrenvolle Respektspersonen waren und sind die Hüter der Reben immer gewesen. Es waren österreichische Weinbauern, die im 14. Jahrhundert in einer Weinbauordnung dieses Berufsfeld erstmals beschrieben und genaue Vorschriften entwickelten, wie man als Winzer seine Weintrauben am Stock am besten sicherte. Meist waren es einfache Tagelöhner aus den Dörfern entlang der sonnigen Rebenhügel, die man mit Ratschen oder Schrotflinten ausstattete, damit sie in den Weinbergen ordentlich Radau machten, um gefräßige Stare oder auch naschsüchtige Zweibeiner zu vertreiben. Diese Weinbergwachen waren rechtschaffene Männer, die ihren Dienst ernst nahmen und vom Weinbergsbesitzer dafür mit einer angemessenen Ration des Weines bedacht wurden, den sie über das Jahr so mannhaft verteidigt hatten. In heutiger Zeit ist der »Schütz« meist nur noch Dekoration auf den verschiedensten Weinfesten. Automatische Dauerbeschallung, modernste Nylonnetze, Selbstschussanlagen und andere modernistische Methoden haben den Männern mit der Flinte die Arbeit abgenommen.

Am Derdinger Horn, diesem herrlichen Weinplateau mit einem Panoramablick, der bis zum Königsstuhl und in den Odenwald reicht, wird dem Wengerterschütz gedacht. Sein kleines, wenig komfortables Wengerterschützenhäusle, mehr ein Schlechtwetterunterstand denn eine bewohnbare Unterkunft, ist zu besichtigen, daneben gibt es eine Runduminformation über die zwei Weinbauregionen Baden und Württemberg.

Man lernt hier, dass die Badener Weinberge haben und die Württemberger Weingärten, ergo gibt es je nach Region auch Winzergenossenschaften oder Weingärtnereien. Doch diese feinen Unterschiede sind eher nebensächlich, zählt doch allein, dass das Nationalgetränk »TL«, der Trollinger mit Lemberger, einfach ein, Verzeihung, »eh saugudd Stöffsche« ist.

Adresse 75038 Oberderdingen | **Pkw** Aus Richtung Bretten im Kreisverkehr die 2. Ausfahrt Richtung Innenstadt nehmen, dann in die 2. Straße rechts »Im Krautbühl« einbiegen. An deren Ende liegt das Derdinger Horn. | **Tipp** Die »Weinguides« der Region Kraichgau-Stromberg. Die Weinerlebnisführer bieten die verschiedensten Touren samt Weinverkostung an. Infos unter www.kraichgau-stromberg.com.

81 Das Samuel-Friedrich-Sauter-Denkmal

Das arme Dorfschulmeisterlein

»Willst wissen du, mein lieber Christ, wer das geplagteste Männchen ist? Die Antwort lautet allgemein: ein armes Dorfschulmeisterlein.«

So beginnt ein Gedicht von Samuel Friedrich Sauter, geboren 1766 als Sohn des »Sonnenwirtes« zu Flehingen. Und schon diese wenigen Zeilen beinhalten fast das ganze Leben dieses Menschen. Denn zeitlebens war Sauter nur ein kleines Dorfschulmeisterlein in seinem Heimatort und im nahen Zaisenhausen. Nebenbei verdingte er sich noch als Messner und Chorleiter, und er schrieb seine Gedichte. Diese waren in seinem dörflichen Umfeld beliebt, große Lyrik indes waren sie nicht. Ob dieser Einfachheit seiner gedichteten Worte, die ab und an auch in unfreiwilliger Komik endeten, parodierten ihn selbst ernannte Großlyriker boshafterweise gerne. Wohlgeborene Herren wie Ludwig Eichrodt oder Adolf Kußmaul erfanden den Spießbürger Gottlieb Biedermaier und meinten damit Friedrich Sauter – den das wenig störte, war er doch ein Kind des Kraichgaus, der Provinz, der einfachen Leute, des einfachen Gemütes. Dennoch prägten Sauter und Sauters Haltung eine ganze Epoche: den Biedermeier, jetzt, ab etwa 1869, mit »ei« geschrieben. Diesem Ausdruck wurde eine große Metamorphose beschert. War »Biedermeier« zuerst kritischer Ausdruck der revolutionären Geister für Engstirnigkeit und vollkommen unpolitische Haltung des Bürgertums, wandelte sich der Begriff schnell zum Synonym einer heilen, poetischen Welt – die Bilder Carl Spitzwegs sind bedeutender Ausdruck dieser Zeit. Ebenso schlagen sich in der biedermeierlichen Literatur die Ideale der Zeit ihre Bahn: genügsame Selbstbescheidung, Zähmung jedweder Leidenschaftlichkeit oder auch in der politischen Haltung das kräftige »Sowohl als auch«.

Der Vater des Biedermeier starb 1845 in seinem Heimatort.

Adresse Samuel-Friedrich-Sauter-Straße 43, 75038 Oberderdingen-Flehingen | **Pkw** Von der B 293 die Abfahrt Flehingen/Kürnbach nehmen, dann auf der Kürnbacher Straße in Richtung Flehingen fahren. Am Ende der Straße links in die Fr.-v.-Sickingen-Straße einbiegen, von dort rechts in die Steinbrunnenstraße. Links findet man dann den Pausenhof der Samuel-Friedrich-Sauter-Schule, dort steht das Denkmal. | **Tipp** Die Ravensburg, Mühlbacher Straße 84, 75056 Sulzfeld. Das Burgrestaurant bietet rustikale Rittermahle ab zwölf Personen an.

82_ Die Schwefelquelle

Ufo has landed

Es ist kein halber Kilometer vom Naturparkplatz zu Fuß. Da taucht es auf, das Östringer Ufo. An diesem heißen Sommertag, selbst unter den Baumkronen des Krummbachwaldes sind es gute 25 Grad, funkelt das utopische Objekt schon von Weitem im Sonnenlicht. Noch wenige Schritte, dann betritt man eine Lichtung, und in deren Mitte steht auf einem etwas erhöhten runden Sockel dieses Gefährt aus dem Fuhrpark von Captain Kirk. Traut man sich dann aber etwas näher heran, betritt die Plattform, steckt mutig einen Finger in den – nun deutlich erkennbaren – Wasserstrahl und hat dann noch die Traute, seinen Finger abzulecken – Pfui, Deibel! Wenn alle Außerirdischen so riechen, wie das Wasser der Östringer Schwefelquelle schmeckt, muss man vor einer Invasion der Außergalaktischen keine Angst haben. Denn erstens wäre ein heimliches Unterwandern unseres Planeten rein aus olfaktorischen Gründen unmöglich, auch ein Techtelmechtel zwischen Bundesbürger und galaktischem Stinker wäre kaum denkbar, und somit käme es zu keiner Vermehrung dieser angedachten Mischpopulation.

Trotz allem: Gesund soll das Wasser der Quelle sein. Schwefelhaltiges Wasser galt schon in früheren Jahrhunderten als heilend, speziell bei Hauterkrankungen wie Schuppenflechte oder Akne. Ebenfalls bewährt hat sich das Wasser im angewärmten Zustand bei rheumatischen Erkrankungen.

20 Kilometer südlich von Östringen, im Städtchen Zaisenhausen, wurde 1713 im Kohlbachtal eine Schwefelquelle entdeckt. Das brachte für einige Jahre einen kolossalen wirtschaftlichen Aufschwung. Kuren wurde für betuchte Gesellschaftsschichten sehr modern. Doch die Tage von »Bad Zaisenhausen« waren nach dem Weggang des Kurfürsten 1780 – er verlegte seine Residenz von Mannheim nach München – gezählt. Die Heilkraft des Schwefels geriet in der Gegend in Vergessenheit, bis das Schwefel-Ufo zum Landeanflug auf Östringen ansetzte.

Adresse 76684 Östringen | **Pkw** Von Östringen Richtung Rettigheim (Rettigheimer Straße) fahren, dann auf dem Parkplatz am Fischbach rechts im Wald parken. Laufen Sie in den Wald auf Ihrer Straßenseite und nehmen Sie den schmalen Weg rechts vor dem Rinnsal, dieser führt Sie direkt zur Quelle, alle anderen, mit einem kleinen Umweg, aber ebenso. | **Tipp** Der Hohlenpfad in Mühlhausen-Tairnbach. Ob nun die Rennweghohle bei Zeutern oder aber die Hatzelberghohle bei Odenheim – Hohlwege gehören in die Kraichgau-Landschaft. Infos über die Kraichgauer Hohlwege unter www.leben-im-kraichgau.de.

83 Die Günter-Hepp-Straße

Die Nanga-Parbat-Expedition 1937

Schon zweimal waren deutsche Expeditionen daran gescheitert, den über 8.000 Meter hohen Nanga Parbat zu besteigen. 1932 versuchte es die Deutsch-Amerikanische Himalaya-Expedition, 1934 folgte ein zweiter Versuch mit der Deutschen Nanga-Parbat-Expedition, bei der eine Höhe von knapp unter 8.000 Meter erreicht wurde. Die Männer dieser Forschungsreise wurden auf dem Rückweg bei 7.000 Metern von einem Schneesturm überrascht – die Teilnehmer Willy Merkl, Willo Welzenbach, Uli Wieland und mehrere einheimische Sherpas verloren ihr Leben. Diese Schicksalsschläge veranlassten die um heldenhafte Posen und Schlagzeilen niemals verlegene Presse der Nationalsozialisten, vom Nanga Parbat als »Schicksalsberg der Deutschen« zu schreiben.

Günter Hepp, 1909 in Odenheim als Sohn des Arztes Franz Hepp geboren, erfasste schon in jungen Jahren das Himalaya-Fieber, Extrembergsteigen wurde seine Leidenschaft. Mit der deutschen Expedition 1936, die er als Arzt begleitete, bestieg Hepp unter anderem den 7.100 Meter hohen Nepal Peak und den knappe 7.000 Meter hohen Siniolchu. Diese Expedition in das Grenzgebiet zwischen Indien und Sikkim war eine Art Probelauf für die geplante große Nanga-Parbat-Expedition 1937. Nun wollte man den »Schicksalsberg« unbedingt bezwingen, das Projekt hatte sich längst zum Prestigeobjekt entwickelt. Ein immenser Planungsaufwand wurde betrieben, die NS-Propagandamaschinerie lief dabei zu Hochform auf. Man wollte die gescheiterten Missionen vergessen machen, deutsche Tugenden und Heldenmut sollten dem Berg im pakistanisch-indischen Grenzgebiet den Schneid abkaufen. Es kam ganz anders: In der Nacht vom 15. auf den 16. Juni 1937 erfasste eine mächtige, meterhohe Eislawine die Expeditionsteilnehmer. Sieben Deutsche – darunter Günter Hepp – und neun Sherpas verloren ihr Leben, nach Tagen fanden Suchtrupps einige der Leichen. Erst 1953 gelang es Hermann Buhl, den Nanga Parbat zu bezwingen.

Adresse 76684 Östringen-Odenheim | **Pkw** von der B 292 kommend in Östringen Richtung Odenheim abbiegen | **Tipp** Das Naherholungsgebiet Kreuzbergsee in Tiefenbach. Einmal um den See herumspazieren – auch für gradlinige Sportverweigerer praktikabel.

84_ Da Linsabauch

Der Oudemer Wind

»Da Linsabauch – 's Odama Heimatbläddl« ist eine liebenswert gemachte Schrift, die heimatverbundene Odenheimer Bürger gedruckt und auch ins Internet gestellt haben. Man findet auf den Seiten Rezepte, etwas zur Geschichte Odenheims und kleine Anekdoten aus der Dorfgemeinschaft. Die meisten dieser kleinen Geschichten spielen in früheren Jahrzehnten und Jahrhunderten und haben in vielen Fällen die einfache Frau, den einfachen Mann aus dem Volke zum Protagonisten. Die meisten Familien Odenheims waren außer Bauern noch Handwerker oder Arbeiter in den umliegenden Steinbrüchen und Zigarrenfabriken. Diese arbeitende Bevölkerung bestellte zur Selbstversorgung meistens einen Kartoffelacker oder hielt sich ein Schwein und ein paar Hühner. Diese kleinen Nebenerwerbslandwirtschaften, die nur für den Eigenverbrauch produzierten, waren auch zu früheren Zeiten steuerfrei. Hingegen waren die Bauern über Jahrhunderte zehntsteuerpflichtig, mussten also jeden zehnten Sack mit Getreide an die Obrigkeit abliefern – mit einer Ausnahme: Linsen waren, warum auch immer, steuerfrei.

Nun kamen die schlauen Odenheimer Bauern auf die Idee, vereinzelt Linsen in ihren Gerstenäckern zu säen, denn nur reine Getreidefelder waren steuerpflichtig. Diese herausragende Idee, um dem Fiskus zu entkommen, wurde in allen umliegenden Dörfern anerkannt und zum Teil nachgeahmt. Die Odenheimer aber hatten ihren Utznamen weg: »die Linsebaich«.

Und darauf sind sie auch heute noch zu Recht stolz – wie man am Linsenbachdenkmal sieht.

Da Linsen und somit Linsengerichte im Kraichgau sehr verbreitet waren und sind – eine Köstlichkeit sind Linsen und Spätzle mit zwei feinen Saitenwürstle –, kann man verstehen, dass man ab und an den Ausdruck vom »Oudemer Wind« vernimmt – oder ist das nur eine der üblichen Verdächtigungen der wohlmeinenden Freunde und Bekannten aus den Nachbargemeinden?

Adresse Kirchstraße, 76684 Östringen-Odenheim | **Pkw** Von Östringen kommend, fahren Sie links in die Nibelungenstraße, diese wird dann zur Kirchstraße. Auf der rechten Seite, an der Ecke Michaelstraße, steht der »Bauch«. | **Tipp** Der Siegfriedsbrunnen zwischen Odenheim und Östringen an der L 635. Ob hier wirklich der historische Tatort ist? Die Odenheimer glauben es, und das alleine zählt!

85 Das Henri-Arnaud-Denkmal

Lux lucet in tenebris

»Das Licht leuchtet in der Finsternis«, so steht es im Johannesevangelium geschrieben, und so steht es auch im Wappen der Waldenser.

Die Gruppierung der Waldenser gibt es schon seit dem Mittelalter. Ein reicher Mann namens Valdes soll im 12. Jahrhundert in Lyon sein Vermögen verschenkt haben und wollte nur noch als armer Mann unter dem Volk als Verkünder des Wortes Christi leben. Doch Laienprediger sah die katholische Kirche überhaupt nicht gern, und so wurden die Waldenser schon 1184 zum ersten Mal als Ketzer gebrandmarkt. Was das bedeutete, war schnell klar. Eine gnadenlose Verfolgung setzte ein, in nur sehr wenigen Gegenden überlebten Einzelne dieser Gemeinschaft von religiösen Laien.

Im Jahr 1532 schlossen sich die Waldenser der Reformation an, hatten sie doch sehr ähnliche Vorstellungen von Religionsausübung wie Martin Luther, also weg vom Papst und mehr hin zur eigentlichen Bibel. Doch auch diese Ausrichtung änderte wenig am Schicksal der Männer und Frauen – immer wieder gab es Versuche, die Gruppe zurück in die römische Mutterkirche zu pressen. 1686 gelang dem Herzog von Savoyen die Unterwerfung der Waldenser, viele der Mitglieder gingen ins Ausland. Pfarrer Henri Arnaud (1643–1721) war in jenen Tagen viel auf Reisen, um für die Ausgewiesenen eine neue Heimat zu finden. 1698 kam es zu einer ersten Vereinbarung zwischen dem Landgrafen Friedrich II., einem niederländischen Vermittler und den Waldenserpfarrern Henri Arnaud und Jacques Papon. In diesen Verhandlungen verlangten die Pfarrer dieselbe Existenzgrundlage für die Waldenser wie einst im piemontesischen Val Chisone, so da unter anderem wären: Religionsfreiheit, Steuerfreiheit, Freiheit von der Leibeigenschaft und das Recht auf die Ausübung niedriger Gerichtsbarkeit. Die Verhandlungen hatten Erfolg, und Arnaud ging nach Schönenberg und baute das Haus, welches heute als Waldensermuseum einen außerordentlich guten Ruf genießt.

1698 WURDEN DREITAUSEND WALDENSER UND HUGENOTTEN IHRES GLAUBENS WEGEN AUS DEM PIEMONT VERTRIEBEN

HENRI ARNAUD FÜHRTE SIE 1699 NACH HESSEN UND WÜRTTEMBERG

Adresse Henri-Arnaud-Straße 27, 75443 Ötisheim-Schönenberg | **Pkw** von Mühlacker Richtung Knittlingen, dann rechts Richtung Haldenhof und über die Halden Straße nach Schönenberg, dort dann rechts in die Henri-Arnaud-Straße | **Öffnungszeiten** Di, So 14–17 Uhr | **Tipp** Das Waldenserhäusle in Oberderdingen-Großvillars, Freudensteiner Straße 45/1. Ebenfalls sehr liebevoll gestaltet und hervorragend renoviert.

86__ Das Maurerdorf und die Ölfunzeln

Dem Maurör ist nichts zu schwör

Wer schon einmal auf dem Bau geschafft hat, weiß, dass es auf, unter oder neben dem Gerüst nicht wie auf einem Ponyhof zugeht. Derbe Späße sind an der Tagesordnung, derbe Witze werden gern erzählt. Ein wirklich gemäßigter aus der Abteilung »der Witz vom Bau« geht so: Ein amerikanischer und ein deutscher Baulöwe wetten, wer schneller bauen könne. Nach einem Monat telegrafiert der Amerikaner: »Well, noch zehn Tage und wir sind fertig!« Kabelt der Deutsche zurück: »Tja, noch zehn Formulare und wir fangen an!« Wie gesagt, das ist natürlich ein Witz und hat mit der Realität rein gar nichts zu tun. Das Berufsbild der Maurer sah schon immer so aus, dass man aus einzelnen Steinen ein Mauerwerk herstellte, das – im Idealfall – auch stehen blieb. Heutige Maurer arbeiten oft mit Fertigbauteilen, unterstützt von gewaltigen Maschinen. Doch noch vor 100 Jahren waren ein Flaschenzug oder eine Seilwinde schon alles an technischem Hilfsmittel, das Kapital des Maurers um 1900 war seine Muskelkraft, und ein guter Handwerker fand allemal sein Auskommen. In Pfinztal gab es zu dieser Zeit einige Großbauprojekte, und auch in der Region wurde eine rege Bautätigkeit verzeichnet. Da viele dieser Meister vom Bau sich in Wöschbach ansiedelten, hieß das Dorf bald in der ganzen Gegend das »Maurerdorf«. Diesen Helden ist auch der Maurerbrunnen gewidmet.

Unterhalb der Wöschbacher Kirche steht noch ein zweiter Gedächtnisbrunnen. Er erinnert an jene Frauen, die sich ebenfalls so vor 100 Jahren mit einer Laterne, der sogenannten Ölfunzel, in der Hand und einem Korb mit landwirtschaftlichen Produkten auf dem Kopf sich auf den Weg in die Stadt machten, um ihre Waren zu verkaufen. Die Ölfunzeln sollten ihnen im Morgengrauen den Weg weisen. Oftmals begegneten sie unterwegs starken Männern mit einer Kelle in der Hand, die auf dem Weg zu ihren Baustellen waren.

Adresse Wesostraße, 76327 Pfinztal-Wöschbach | **Pkw** Von Pfinztal-Söllingen kommend, treffen Sie direkt auf die Wesostraße. Kurz vor der Kirche stehen die beiden Brunnen. | **Tipp** »Hotel Zum Laub«, Karlsruher Straße 87, 76327 Pfinztal-Berghausen – hier speiste und übernachtete einst Napoleon.

87 Das DDR-Museum

Ein lebendiges Geschichtsbuch

Man sollte Bedenken immer gleich zugeben, und wir hatten zuerst Bedenken, ob wir das Museum zur Geschichte der DDR berücksichtigen sollten. Schon beim Betreten des Gebäudes schienen unsere Überlegungen gerechtfertigt. Zu wenig Alltag, zu viel Stasiknast – so unser erster Eindruck. Doch wie ein erster Eindruck täuschen kann, mussten dann auch wir erfahren. Wir lasen das Geleitwort von Joachim Gauck, der unter anderem schrieb: »Eine lebendige demokratische Gegenwart braucht das Erinnern an Unfreiheit, Willkür und Missachtung der Menschenrechte …« Oder: »… dieses lebendige Geschichtsbuch kann jungen Menschen nahebringen, dass Demokratie kein Naturgesetz ist …« Solche Sätze bringen einen dann schon zum Nachdenken, und man streift, ähnlich einer Zwiebel, nach und nach die jeweiligen Häute der anfänglichen Bedenken ab.

Hinter der Museumsidee »DDR-Museum Pforzheim« steht der – 2012 verstorbene – unermüdliche Sammler und Zeitzeuge Klaus Knabe. Er erreichte, dass am 12. September 1998 in einem ehemaligen Kindergarten der französischen Streitkräfte, auf zwei Stockwerken plus Keller, eine einzigartige Sammlung zur Geschichte der Deutschen Demokratischen Republik aufgebaut werden konnte. Die Sammlung Knabe besteht aus mehreren tausend Einzelstücken, vom Generalsdolch zur Kalaschnikow, von den Teilen einer Grenzanlage bis zu einem Hausbuch für die sozialistische Hausfrau … und dann findet man im Keller noch einen komplett eingerichteten Verhörraum der Staatssicherheit.

Der Verein »Gegen das Vergessen – Für Demokratie«, der das Museum mitträgt, sieht seine Aufgabe darin, einem festgestellten ungebrochenen Ostalgie-Boom entgegenzuwirken. Diesem nostalgischen Nachhängen am DFF-Sandmännchen und den Ost-Ampelmännchen und dem schnellen Vergessen der Selbstschussanlagen und Mauertoten geht das Museum eindrücklich entgegen.

Adresse Hagenschießstraße 9, 75175 Pforzheim | **Pkw** am einfachsten von Tiefenbronn über die Tiefenbronner Straße in Richtung Pforzheim fahren, dort rechts in die Hagenschießstraße einbiegen | **Öffnungszeiten** jeden So 11–15 Uhr | **Tipp** Das Kulturhaus Osterfeld, Osterfeldstraße, 75172 Pforzheim. Kunst und Theater, Kabarett und Comedy – es ist der Mix, der das Kulturzentrum so interessant macht.

88___Die Figurengruppe der Rassle.

Kartoffelgeld und Rasselbanden

So wie sich manches griechische Restaurant – phantasievoll – »Athen« nennt, heißt so mancher Kindergarten richtungsweisend »Rasselbande«. Das macht durchaus Sinn, denn das verbreitete Synonym für einen Haufen lautstark spielender Kleinkinder ist nun mal das Wort »Rasselbande«. Selbst ein Thomas Mann nahm dieses Wort in den Mund. Doch meinte der Zauberer damit nicht eine, ihn ab und an vielleicht mal nervende, Gruppe von jauchzendem Nachwuchs, er meinte damit die, ihn vielleicht auch manchmal nervende, Nachwuchsschriftstellertruppe mit Namen Gruppe 47. Sei es, wie es ist. Die wenigsten machen sich beim Gebrauch des Wortes von der rasselnden Bande Gedanken, woher das Wort wohl stammt. Doch die Erklärung ist so logisch wie einfach.

Speziell in Pforzheim nahm das Schmuck herstellende Handwerk ab dem 18. Jahrhundert einen rasanten Aufschwung, Arbeitskräfte wurden händeringend gebraucht. Doch viele der angelernten Goldschmiede lebten in den Dörfern im weiteren Umkreis der Stadt und bewirtschafteten im Nebenerwerb noch einen Bauernhof. Diese machten sich nun als Pendler täglich auf einen mehrstündigen Fußmarsch, um dann noch einen deutlich längeren Arbeitstag als acht Stunden zu absolvieren. Da ihre Schuhe für diese täglichen Gewaltmärsche mit Nägeln beschlagen waren, die einen deutlichen rasselnden Klang von sich gaben, nannte man diese Arbeiter zum einen »Goldschmiedebäuerle« und zum anderen »Rassler« – und da diese meistens in Gruppen einhergingen, war der Ausdruck »Rasselbande« nicht weit. Bezahlt wurden diese Männer, Frauen waren deutlich in der Unterzahl, wie die Figurengruppe von Fritz Theilmann zeigt, naturgemäß mehr schlecht als recht. Ein Teil des Lohnes wurde, wenn die Produktionsleistung stimmte, im Herbst als sogenanntes Kartoffelgeld ausbezahlt, oder es wurden, dem Geiste des Wortes entsprechend, tatsächlich Kartoffeln in die Keller der Menschen geliefert.

Adresse Poststraße/Ecke Kiehnlestraße, 75172 Pforzheim | **Pkw** der B 294 Richtung Bahnhof folgen, dort parken, vom Bahnhofsvorplatz laufen Sie rechts in die Kiehnlestraße | **Tipp** Technisches Museum der Pforzheimer Schmuck- und Uhrenindustrie, Bleichstraße 81, geöffnet Mi 9–12 und 15–18 Uhr, jeden 2. und 4. Sonntag im Monat 10–17 Uhr. In der ehemaligen Schmuckwarenfabrik Kollmar & Jourdan wird gezeigt, wie Schmuck und Uhren entstehen.

89 Das Reuchlinhaus

Architektur und Frida Kahlos Vater

Zugegeben, wir haben auch nach intensivem Suchen in der Stadt keinerlei Spuren mehr von Carl Wilhelm Kahlo gefunden. Damit sind wir aber in allerbester Gesellschaft. Schon vor einigen Jahren waren die Historikerin Gabriele Franger und der Lateinamerikanist Rainer Huhle der Fährte jenes Mannes gefolgt, der auch noch Jahrzehnte nach seinem Tod 1941 im übergroßen Schatten seiner weltberühmten Tochter steht. »Hier habe ich meinen Vater Wilhelm Kahlo gemalt, von ungarisch-deutscher Abstammung, Künstler und Fotograf von Beruf, von großzügigem Charakter, intelligent und gut, mutig, weil er 60 Jahre lang an Epilepsie litt, aber nie aufgab und gegen Hitler kämpfte. In Bewunderung, seine Tochter Frida Kahlo«. Dies steht unter dem »Bildnis meines Vaters«, das Frida Kahlo 1952 malte, und dieser Text enthält größere Spuren von Legendenbildung. Wilhelm Kahlo, der sich nach seiner Auswanderung nach Mexiko 1890 spanisch »Guillermo« nannte, war nachweislich nicht ungarisch-deutscher Abstammung und auch nicht jüdischer, wie an anderer Stelle behauptet wurde. Geboren wurde er am 26. Oktober 1871 in Pforzheim als Sohn protestantischer Eltern, deren Familienstammbaum bis in das 16. Jahrhundert zurückreichte. In Mexiko wurde er zu einem der angesehensten Künstler in der Frühzeit der Architektur- und Industriefotografie.

Und hier kommt nun eines der beeindruckensten Gebäude Pforzheims ins Spiel – und man kann sich mit ein wenig Phantasie vorstellen, wie Wilhelm »Guillermo« davon begeistert Bilder gemacht hätte: das Reuchlinhaus. Gebaut in den Wirtschaftswunderjahren 1958 bis 1961 – Architekt Manfred Lehmbruck –, präsentiert es sich lichtdurchflutet, quadratisch und für Nichtarchitekten anfänglich gewöhnungsbedürftig. Das Haus beherbergt neben anderen Sammlungen auch das Schmuckmuseum der Goldstadt Pforzheim und lohnt immer einen Besuch. Um Frida Kahlos »Bildnis meines Vaters« zu besichtigen, muss man nach Coyoacán/Mexiko fahren.

Adresse Jahnstraße 42, 75173 Pforzheim | **ÖPNV** Bus 3, 4 und 41, Haltestelle Jahnstraße | **Pkw** über die B 463 im Abschnitt Calwer Straße in die Jahnstraße abbiegen | **Öffnungszeiten** Di–So und feiertags 10–17 Uhr | **Tipp** Das Oechsle-Fest findet immer Ende August und Anfang September auf dem Marktplatz statt. Ein Hoch auf Ferdinand Oechsle, den Erfinder der Oechsle-Waage.

90__Das Tornado-Denkmal

Die Gefahren der Großtromben

Das Jahr 1968 ist keines wie jedes andere.

Es gab einer ganzen Generation ihren Namen. 68 ist das Jahr, in dem ein unterbelichteter Hilfsarbeiter namens Josef Bachmann auf Rudi Dutschke schießt, auch auf Martin Luther King wird in Memphis/Tennessee ein Attentat verübt, ebenso auf Robert Kennedy in Los Angeles, und mit der Apollo 8 startet die erste bemannte Mondumkreisung. Doch dieses Jahr 1968 ist auch das Jahr der Wetterkapriolen. Der Wetterdienst vermerkt im Juli in den bayrisch-österreichischen Alpen starke Schneefälle – auf der Zugspitze wird der Skibetrieb wiederaufgenommen. Im November des Jahres hingegen wird es in einigen Gegenden der Republik 25 Grad warm – also, dass das Wetter verrückt spielt, ist keine Erfindung des 21. Jahrhunderts.

Der 9. Juli 1968 war auch in Pforzheim erst einmal ein normaler Sommertag. Ein Hochdruckgebiet entstand über Nordfrankreich, gleichzeitig entwickelte sich über der Biskaya ein Tiefdruckgebiet, welches rasch nach Nordosten wanderte. Dadurch strömte dann sehr feuchte, fast subtropische Luft nach Südwestdeutschland.

Die Katastrophe in Pforzheim begann kurz nach neun Uhr abends am 10. Juli 1968. Die Gewitterfront überquerte am Spätnachmittag Frankreich und fiel dann gegen 21 Uhr in das Moosalbtal zwischen Schöllbronn und Burbach, etwa 20 Kilometer westlich der Stadt, ein. Was dann geschah, glich einem Horrorfilm erster Güte. Wirbelstürme dieser Stärke kannte man nur aus Übersee. Tornado oder Hurrikan war gar nicht im Sprachgebrauch deutscher Meteorologen – wenn es zu Wirbeln mit extremen Windgeschwindigkeiten überhaupt mal kam, nannte man diese hier Tromben, im höchsten Ernstfall Großtromben. Wie man es auch nennen mag: Die Schäden in Pforzheim, die der Sturm binnen Minuten anrichtete, betrugen über 100 Millionen Deutsche Mark, der Tornado mit einer Stärke F4 auf der Fujita-Skala hatte ganze Arbeit geleistet.

Adresse Wasserleitungsweg, 75173 Pforzheim | **ÖPNV** Bus 2, Haltestelle Sonnenberg.
Von dort der Beschilderung Wasserleitungsweg folgen. Der Stein steht dann links im
Wald. | **Pkw** von Büchenbronn am Stadteingang von Pforzheim links den Parkplatz an der
Bushaltestelle Sonnenberg anfahren | **Tipp** Das Arboretum – eine Sammlung von unter-
schiedlichen Baumarten – am Wasserleitungsweg in Pforzheim.

91 Die Windhundrennbahn

Vollspeed auf dem Sachsenheim-Ring

Die Rennbahn in Großsachsenheim gilt als eine der modernsten in Europa. Die Sandbahn ist ein, wie die Fachleute sagen, UU Endlosoval mit einem Kurvenradius von 43 Metern. Die Rennstrecke teilt sich in drei Längen: 480 Meter, 360 Meter und 280 Meter. Der Bahnrekord liegt bei etwas über 30 Sekunden für die 480 Meter.

Bei Windhundrennen unterscheidet man zwei Spielarten. Zum einen gibt es das reine Geschwindigkeitsrennen, bei dem die Greyhounds auf einer Sandbahn annähernd 70 Stundenkilometer schnell sind. Die zweite Art ist das »Coursing«, bei dem das Jagdverhalten der Hunde die entscheidende Rolle spielt. Windhunde gehören zu den schnellsten Landtieren der Welt. Sie sind extrem schlank und haben hohe Läufe. Dass es den Hunden Spaß macht zu laufen, kann man vor jedem Rennen beobachten, der Tierschutz wird dabei natürlich großgeschrieben. Anders als in anderen Ländern ist in Deutschland auf offiziellen Bahnen das Wetten verboten – es geht rein um den Sport und um Geschwindigkeit. Bei diesen Rennen wird der natürliche Jagdtrieb der Hunde dadurch angeregt, dass man einen »falschen Hasen« vorschickt, den die Hunde dann mit einem gewaltigen Speed zu fangen versuchen. Das »Coursing« findet auf freiem Feld statt. Durch Umlenkrollen wird dabei der »falsche Hase« so manipuliert, dass sein Lauf dem natürlichen Hakenschlagen des Kaninchens in der freien Wildbahn ähnelt. Bewertet werden dabei die Jagdlust, die Intelligenz, die Geschicklichkeit und die Kondition des Windhundes.

Windhunde gelten als ein wenig extrovertiert, sind aber auch ideale Familienhunde. Sie sind stolz, ruhig und erhaben. Sie unterwerfen sich nicht und können ihrem Herrchen minutenlang in die Augen schauen, ohne den Blick abzuwenden. Einen Windhund zum Apportieren zu bewegen ist schier unmöglich – dafür gibt es Dackel, Spitz und Pudel. Für einen Windhund ist solch ein Verhalten einfach unter seiner Würde.

Adresse an der Oberriexinger Straße, 74343 Sachsenheim-Großsachsenheim | **Pkw** Von Großsachsenheim Richtung Oberriexingen. Nachdem Sie die L 1125 überquert haben, biegen Sie nach circa 300 Metern rechts ab zur Rennbahn. | **Öffnungszeiten** Renntermine entnehmen Sie der Internetseite www.wrsv-solitude.de. | **Tipp** Eine der größten privaten Garteneisenbahnen gibt es in der Rinnenstraße 31, 74343 Sachsenheim-Hohenhaslach.

92 Am Geigersberg

Das Weinhähnchen ist kein Coq au Vin

Erwähnt man im beiläufigen Gespräch ein Weinhähnchen, läuft dem versierten Gourmet das Wasser im Munde zusammen. Denkt der gebildete Feinschmecker doch dabei sogleich an das legendäre Gericht der Franzosen, den »Hahn in Wein«. Doch muss dem Manne oder der Frau der Zahn der Schlemmerei sofort gezogen werden. Denn das Weinhähnchen, das wir meinen, ist eine Grille aus der Gattung der Langfühlerschrecken, eine Oecanthus pellucens, um ganz genau zu sein.

Dieses muntere Insekt lebt bevorzugt an den sonnenverwöhnten Hängen der Weinbaugebiete und ist für den Menschen vollkommen ungefährlich. An warmen Tagen in den Monaten Juni bis Oktober beginnt das Männchen seinen zirpenden Gesang, der natürlich – was denn sonst – das Weinhühnchen beeindrucken soll, meist gegen acht Uhr abends. Da das Tier in der Fachliteratur als äußerst nachtaktiv beschrieben wird, wundert es nicht wirklich, dass es seinen Gesang dann ohne Unterbrechung locker bis vier Uhr in der Frühe durchhält. Um auf sich aufmerksam zu machen, sucht sich das Weinhähnchen eine sogenannte Singwarte, also etwa eine erhöht stehende Rebe im Weinberg, um dann seine Flügel aufzustellen und diese aneinanderzureiben, was dann den typischen »zürrrü«-Ton erzeugt. Ist die Dame des Weinhähnchenherzens dann betört, schiebt sich das Männchen unter das Weibchen, und eine mehrere Minuten lange Paarung beginnt.

Ein Prachtexemplar dieser Grillenart ist gelbbraun gefärbt und gute anderthalb Zentimeter groß. Das Weinhähnchen ernährt sich von weichen Blütenteilen, verspeist aber auch mal gerne die Larven von anderen Insekten. In Ochsenbach an den Hängen des Geigersbergs hört man oft den Gesang der Grillen. Hier leben sie in einer bevorzugten Lage. Die Südhänge, die das Kirbachtal hier besonders beeindruckend erscheinen lassen, und die kunstvoll aufgesetzten Trockenmauern sind Familie Weinhähnchens Lieblingsplatz.

Adresse Geigersberg, 74343 Sachsenheim-Ochsenbach | **Pkw** von Güglingen über die L 1100 nach Ochsenbach, am Ende der Straße rechts auf die Dorfstraße einbiegen, anschließend links in die Spielberger Straße, hier am Fuße des Geigersberg einen Parkplatz suchen und den Geigersberg erwandern | **Tipp** Panoramaweingut, An der Steige 94, 74343 Sachsenheim-Hohenhaslach. Dort ganz neu: der »Weinschaugarten«.

93_ Die evangelische Kirche

Der Erbärmdechristus

Die Kirche in Schwaigern ist Johannes dem Täufer geweiht. Ein großer Baumeister hat sie an den Vorabenden der Reformation und der
Bauernkriege in den Jahren 1514 bis 1520 erweitert und ausgebaut.
Der Steinmetz »Bernhard von Lewnberg«, mit richtigem Namen
Bernhard Sporer, geboren um 1455 in Leonberg, hatte Jahre in
Wimpfen gearbeitet, als er den Auftrag für die Kirche in Schwaigern erhielt. Neben der baulichen Bedeutsamkeit und der Genialität,
die Sporer an diesem Schwaigerner Gebäude an den Tag legte,
kommt man nicht umhin, eindringlich auf die zu Herzen gehende
Jesusdarstellung hinzuweisen, ebenjenen Schmerzensmann, den Erbärmdechristus, diese in Stein gehauene Verkörperung aller Leiden
des Messias. Über Jahre war das Original an der Südwestecke der
Kirche zu sehen, bis man es in den 1970er Jahren, bedingt durch den
hohen Schadstoffgehalt der Luft, in den Innenraum der Kirche
brachte und eine Kopie an der Außenfassade aufstellte. Diese Art
der Erbärmskulpturen oder Erbärmbilder ist noch an vielen Plätzen
erhalten geblieben – besonders bemerkenswert ist hier, neben der Figur in Schwaigern, ein Bildnis von Albrecht Dürer aus dem Jahr
1522. Dürer hat darin dem Schmerzensmann seine Gesichtszüge gegeben.
 Auch ein zweiter Künstler, der in Schwaigern eines seiner Haupt-
werke hinterließ, war ein Dürer-Zeitgenosse: Jerg Ratgeb. Dieser
kam im Auftrag des Grafen Wilhelm von Neipperg 1510 nach
Schwaigern und schuf dort eines der grandiosesten Werke der Früh-
renaissance, den Barbara-Altar. Doch Ratgebs Ruhm als Maler
währte nicht lange. Während der Bauernerhebungen war er eine Art
Kriegsrat und Vorsitzender der rebellierenden Bauernschaft. 1525
wurde diese Rebellion niedergeschlagen, die Machtübernahme geschah durch den Schwäbischen Bund – und dieser räumt nun gna-
denlos auf. Ratgeb flieht aus Herrenberg bei Stuttgart, wird verraten
und ausgeliefert. Ihn erwartet ein brutaler Tod durch Vierteilung.

Adresse Schloßstraße 10, 74193 Schwaigern | **Pkw** von der B 293 auf die Massenbacher Straße einbiegen, diese wird nach der abknickenden Vorfahrt zur Uhlandstraße, dann zur Silcherstraße und im weiteren Verlauf zur Marktstraße, von dort geht es links in die Schloßstraße | **Tipp** Erlebnisführung mit der Gattin des Stadtschreibers. Info: andrea.haberkern@schwaigern.de.

94_ Die Fischtreppe an der Fessler Mühle

Spätzle-Akademie, Sportstudio und Kabarettbetrieb

Selbstverständlich könnten Fische immer nur in eine Richtung schwimmen, kämen dann aber zwangsläufig irgendwann in einem der Meere an, und dann gäbe es in den Flüssen keine Fische mehr. Mit diesem »märchenhaften« Einleitungssatz erklärte die »Sendung mit der Maus« Kindern, warum es überhaupt so etwas wie Fischtreppen gibt. Einfach betrachtet sind diese Treppen nichts anderes als Wanderhilfen für Fische, die wieder an ihren Ursprungsort zurückkehren, um dort zu laichen. Denn die Bauwerke der Menschheit machen es jedem Fisch zunehmend schwer, auf Wanderschaft zu gehen. Stauwehre und Kraftwerke verhindern die gefahrlose Rückkehr an den Laichplatz. Tierschützer befürworten deshalb schon lange das Anlegen von Fischtreppen. Doch so mancher für teures Geld angelegte künstliche Fischweg funktioniert nicht richtig. Im Idealfall sollten die Fische die Treppen ungehindert passieren können, beim Bau muss deshalb von Anfang an an die tiergerechte Wassertiefe und Breite der Stufen gedacht werden. Dies scheint bei der Treppe an der Fessler Mühle gelungen.

Die Mühle wurde 1396 erstmals urkundlich erwähnt und hat bis heute durchgearbeitet. Heute kauft man im Mühlenladen nicht nur den »Vesperlaib lang«, das »Mühlenbrot« oder das Vollkornbrot mit Sonnenblumenkernen – natürlich alles auf natürlichste Weise und schonend hergestellt –, man geht auch ins Sportstudio der Mühle oder unterhält sich gleich nebenan im Kabarett »Beutelkasten«. Und es gibt noch die Spätzle-Akademie. Ob nun Schwabe, Württemberger oder Badener – ob »Badenser« trauen wir uns hier nicht zu entscheiden – hier sind alle gleich, und die Leitkultur der Leute aus dem Südwesten, das Herstellen feinster Spätzle, wird hochgehalten. Die Spätzle-Grundzutaten sind und bleiben:

Mehl, Ei, Wasser und Salz.

Adresse Untere Mühle 2–4, 74372 Sersheim | **Pkw** von Horrheim kommend, rechts in den Metterweg einbiegen, dann links zur Mühle abbiegen | **Tipp** Die Enzschleife bei Vaihingen-Roßwag. Auch der immer gut informierte wanderwalter.de empfiehlt den Rundweg an der Schleife.

95__ Die Krebsbachtalbahn
Ein Muss – der Schienenbus

So ein Schienenbus fährt weitaus unspektakulärer in den Bahnhof ein als sein mächtig-gewaltiger großer Bruder, die Dampflok. Dennoch – der schmale Schienenhüpfer ist einem auf den ersten Blick sympathisch. Gebaut wurden die ersten Züge Anfang der 1950er Jahre, sie sind also wahre Kinder des aufkommenden Wirtschaftswunders. Mit den Omnibussen auf Schienen wollte die Deutsche Bahn gleich zwei Fliegen mit einer Klappe schlagen: Zum einen reduzierte das Gefährt Personal – so musste auf schwach frequentierten Strecken der Zugführer auch die Fahrkarten kontrollieren –, und zum anderen trachtete man danach, den zunehmenden Kraftfahrzeugverkehr zu vermindern. Eine nette Weiterentwicklung der Schienenbusse war der »Schi-Stra-Bus«. Die Quizfrage, was das nun bedeute, löst der gewiefte Rätselfreund sofort auf: »Schienenstraßenbus«, ein Zweiwegefahrzeug, das man sowohl auf der Straße als auch auf der Schiene einsetzen konnte – nett gedacht und putzig zum Ansehen, setzte sich aber letztendlich nicht durch und verschwand schon Mitte der 50er Jahre wieder in der Versenkung.

Ein Schienenbus war es auch, der die letzte reguläre Fahrt der Krebsbachtalbahn am 31. Juli 2009 durchführte. Wie so manche Nebenstrecke war auch die knapp 17 Kilometer lange Strecke zwischen Neckarbischofsheim und Hüffenhardt unrentabel geworden. Doch so ein Schienenbus ist ein zähes Kerlchen. Schon 2010 wurde beschlossen, an Sonn- und Feiertagen zwischen den Monaten Mai und Oktober einen Ausflugsverkehr auf der Strecke anzubieten (Fahrradmitnahme bitte nach Absprache) oder für Gruppen, Vereine und Schulklassen Sonderfahrten auszurichten, seit 2011 unterstützt durch einen regen Förderverein.

Zum Einsatz kommt nun nicht irgendein Schienenbus, sondern ein Uerdinger. Für Schienenfans ein Inbegriff des Gefährts auf Leichtbaubasis, dieselbetrieben und zweiachsig – ach, einfach nur ein Traum, diese roten Brummer!

Adresse Bahnhofstraße 13, 74936 Siegelsbach | **ÖPNV** am besten mit der Krebsbachtalbahn von Neckarbischofsheim Nord oder Hüffenhardt | **Pkw** von Hüffenhardt kommend rechts in die Bahnhofstraße einfahren, der Bahnhof zeigt sich links | **Öffnungszeiten** Den genauen Fahrplan finden Sie unter www.krebsbachtal-bahn.de. | **Tipp** Burg Guttenberg, Burgstraße 1, 74855 Haßmersheim. Beliebt bei Alt und Jung sind die Flugvorführungen der deutschen Greifenwarte.

96 Das Geburtshaus von Franz Sigel

Die Forty-Eighters

»Völlig unscheinbar« ist wohl die passende Beschreibung für das Haus mit der schlichten Gedenktafel für einen großen Mann. Franz Sigel, das Idol aller deutschstämmigen Soldaten in der Armee der Nordstaaten während des amerikanischen Sezessionskrieges 1861–1865, wurde hier am 18. November 1824 geboren.

Sigel wurde in der badischen Armee eine große Karriere vorausgesagt, doch er überwarf sich mit seinen Vorgesetzten immer wieder, sein Faible für republikanische Ideen führte zum endgültigen Bruch mit dem Militär. Seine ersten Begegnungen mit Friedrich Hecker und Gustav Struve 1847 brachten ihn in die Nähe der Märzrevolutionäre von 1848. Gerade Struves radikales Denken zog Sigel an, und im März 1848 veröffentlichte er einen Volksbewaffnungsplan – Sigel war nun definitiv bei den Revoltierenden angekommen. Da er einer der wenigen in der Truppe von Hecker war, der so etwas wie militärische Kommandoerfahrung hatte, ernannte man ihn zum Oberst einer Bürgerwehr. Obwohl er dem Unternehmen »Heckerzug« skeptisch gegenüberstand – Sigels militärisch geschultes Auge hatte wenig Zutrauen zu einer schwach besetzten Truppe aus mehr oder weniger unmilitärischen Hitzköpfen –, übernahm er das Kommando eines Begleitunternehmens, des Sigel-Zuges. Mit seiner Einschätzung der Erfolgsaussichten hatte er uneingeschränkt recht: Schon in den Anfängen wurde der Zug gestoppt, was blieb, war ein Mythos. Sigel ging, nachdem er sich noch an den Maiaufständen 1849 beteiligte und kurzzeitig Kriegsminister einer kurzlebigen badischen Republik wurde, wie so viele der 48er Revolutionäre in die USA und wurde ein glühender Anhänger des US-Präsidenten Lincoln. Seinen Namen und Namen weiterer wie Schurz, Schütte oder Willich nennen die Amerikaner heute noch respektvoll die »Forty-Eighters«.

Adresse Hauptstraße 120, 74889 Sinsheim | **Pkw** Von der A 6 die Ausfahrt 33a Richtung Sinsheim nehmen, dann rechts auf die B 39 Richtung Innenstadt fahren; die Bundesstraße wird dort zur Hauptstraße. | **Tipp** Das Stadt- und Freiheitsmuseum, Hauptstraße 92, in Sinsheim. Mehr als 800 Quadratmeter geballte Geschichte und erstaunlicherweise gut zu verdauen.

97_ Die Zuckerrübenfelder

Ja die Südzucker-Susi …

Sie fallen auf in der Zeit zwischen September und Dezember, der Haupterntezeit für Zuckerrüben. An den Rändern der Felder, auf sogenannten Mieten abgelegt, warten die Rüben auf die Abholung und die Weiterverarbeitung.

Die Zuckerrübe gehört zu den Amaranthaceae, zu den Fuchsschwanzgewächsen. Natürlich hat der Wein- und Obstanbau im Kraichgau weitaus größere Bedeutung, doch auch die Zuckerrübe hat ihren Anteil an der landwirtschaftlichen Anbaufläche. Für ein Kilogramm Zucker aus der Rübe benötigt man etwa acht dieser markanten Dickwurzelchen, was wiederum etwa einem Quadratmeter Anbaufläche entspricht. Wenn man sich nun die Statistik vor Augen hält, dass jeder Deutsche im Jahr 34 Kilogramm Zucker verbraucht, ist es ein nettes Spielchen, sich mit dem Nachwuchs auf ein – bitte schon abgeerntetes – Zuckerfeld zu stellen und sich eine Art Schachbrettmuster auszudenken. Und schon können sich die Kleinen klarmachen, wie viel Stückchen Land ein jedes Familienmitglied benötigt, um immer genügend Zucker im Tee, Kaffee oder Streuselkuchen zu haben.

Da die Erntezeit für Zuckerrüben bis in den Dezember anhält, kann es vorkommen, dass die Knolle Frost bekommt. Was für Blumen oder etliche Gemüsesorten katastrophal wäre. Nicht so für unsere Rüben. Ähnlich dem Rosenkohl, dem ein bisschen Frost erst zu einem noch besseren und intensiveren Geschmack verhilft, ist ein Hauch Frost für das Gewächs ebenfalls von Nutzen und verspricht einen höheren Zuckergehalt. Sieht man sich einen solchen Zuckerrübenberg an, fällt sofort der hohe Erdanteil auf, der an dem Gemüse klebt (und sich in der Erntezeit auch auf den Straßen verteilt – also bitte vorsichtig fahren). Da in den Zuckerwerken, natürlich, niemand bereit ist, diese Erde mitzubezahlen, gibt es bei der Anlieferung immer zwei Erdschätzer, einer von der Bauernseite und einer von der Verarbeiterseite – und ab und an heftige Diskussionen.

Adresse rund um 74889 Sinsheim-Ehrstädt, im Herbst letztlich überall im Kraichgau | Tipp Badewelt Sinsheim, Badewelt 1, 74889 Sinsheim. Der kleine Bruder der Erdinger Therme, aber dennoch ziemlich »mächtig, gewaltig, Egon!«.

98 Das Friedrich-der-Große-Museum

Das Lerchennest

Nicht wenige Historiker hielten nach dem Tode des Großen Friedrichs 1789 dessen Thronbesteigung 1740 für das bisher wichtigste und folgenreichste Ereignis für Preußen und Deutschland. Das kann man nun sehen, wie einem der preußische oder antipreußische Blick gewachsen ist. Fakt bleibt, dass Friedrich schon ein halbes Jahr nach seiner Inthronisierung mit dem Ersten Schlesischen Krieg begann und es 1756 mit dem Siebenjährigen Krieg munter weiterging. »Wurde er so zum größten König, den Preußen je hervorbrachte«, wie Karl Hellmer als Kastellan Adler in der (wohlgemeint satirischen) »Rheinsberg«-Verfilmung von Kurt Hoffmann 1967 noch schwärmt. Danach sah es in den Jugendjahren von Friedrich nicht aus. »Fritz ist ein effeminierter Kerl, ein Poet und Querpfeifer, der mir meine ganze Arbeit verderben wird«, so sein Vater Friedrich Wilhelm I. Seiner Mutter Sophie Dorothea von Hannover schreibt Fritz wiederum, dass er das Hundeleben nicht mehr ertrage und Schluss machen wolle. Sein Entschluss steht fest, er wird nach England fliehen, weit weg vom Einflussbereich des Vaters. Eine Süddeutschlandreise, die der König plant, will der Kronprinz dafür nutzen. Eingeweiht sind wenige, volles Vertrauen schenkt Fritz nur Hans Hermann von Katte. In der Nacht vom 4. auf den 5. August 1730 ist es so weit. Man hatte in Steinsfurt in der Scheune des Johann Jacob Lerch (daher das »Lerchennest«) übernachtet, und Friedrich und seine Getreuen wollten beim ersten Hahnenschrei ihre Flucht wagen. Doch aufmerksame Offiziere hatten schon im Vorfeld die Vorbereitungen der jungen Männer bemerkt und vereitelten diese im letzten Moment. »Du bist ein Deserteur ohne Ehre.« – Friedrich Wilhelm I. ist außer sich in seiner Wut und befiehlt als oberste Strafe für seinen Sohn, dass er die Hinrichtung seines geliebten Freundes Katte in Küstrin am 6. November 1730 mitansehen muss.

Hier blieb auf seiner
Flucht am 4.5. Aug. 1730
Friedrich d. Große
dem Vaterland erhalten

Adresse Lerchenneststraße 18, 74889 Sinsheim-Steinsfurt | **Pkw** aus Sinsheim auf der
B 39 kommend, links in die Lerchenneststraße einbiegen | **Öffnungszeiten** So und feier-
tags 14–16.30 Uhr und zusätzlich nach telefonischer Vereinbarung | **Tipp** Burg Steinsberg,
der »Kompass des Kraichgaus«, in Sinsheim-Weiler. Unübersehbar und stolz weist die Burg
seit Jahrhunderten den Weg – ein Sinnbild der Beständigkeit.

99 Der Binärzeichenstein
01010011

Also bitte, setzen Sie sich und lassen Sie uns anfangen:

Ein Binärzeichen – ein binary digit – ist die kleinste Informationseinheit zur Darstellung oder zur Speicherung von Daten in einem Binärcode. Dieses Zeichen kann entweder den Wert »binäre Null« oder »binäre Eins« haben. Ein Binärcode ist eine Art Chiffre, die zur Darstellung nur über die Zeichen 0 und 1 verfügt. Alle Zeichen müssen als Folge mit einer festen Anzahl von Nullen und Einsen binär dargestellt werden. Die Binärdarstellung ist eine Form der digitalen Darstellung, bei der der benutzte Zeichenvorrat nur zwei Zeichen umfasst – eben die 0 und die 1. Die digitale Darstellung ist nun eine Wiedergabe durch endliche Zahlenfolgen, wobei die benutzten Zeichen aus einer vorher vereinbarten endlichen Menge stammen.

Alles klar? Wir sollen das nun noch einmal wiederholen? Nein, sorry – das geht nun wirklich nicht –, wir sind verdammt froh, dass es endlich raus ist.

Sternenfels, knapp 20 Kilometer von der Metropole Pforzheim entfernt, wurde bei der EXPO 2000 für das Projekt »Dorf 2000« ausgewählt. Dieses Projekt mit dem Untertitel »Beispiele nachhaltiger Landentwicklung« sollte den deutschen und ausländischen Besuchern der Weltausstellung Anregungen vermitteln, wie eine Dorfbevölkerung durch Eigenmittel und Selbsthilfe ihren ureigensten Lebensraum selbst gestalten kann. Im wabbelnden Politikerdeutsch hieß das damals so: »Die Bundesrepublik Deutschland als führende Industrienation setzt mit diesem Projekt zugleich ein sichtbares Zeichen hinsichtlich des politischen Stellenwertes einer nachhaltigen Entwicklung der ländlichen Räume und Dörfer.« Aha!

Die örtlichen Vereine von Sternenfels und die Initiative »Kulturquelle e. V.« erinnern heute an die Teilnahme ihrer Heimatgemeinde an der EXPO in Hannover – der aufgelöste Binärcode des Steines lautet dann logischerweise:

»EXPO Sternenfels 2000«.

Adresse Maulbronner Straße, 75447 Sternenfels | **Pkw** Von Oberderdingen kommend biegen Sie in die Maulbronner Straße Richtung Mühlacker ein. Nach circa 200 Metern steht die Säule links. | **Tipp** Der Wasserturm oberhalb von Sternenfels bietet einen herrlichen Rundumblick.

100 Die Kraichbachquelle

Hier entspringt, was der Region ihren Namen gibt

Ein Ganges, Mississippi oder Nil ist er nun beileibe nicht. Doch dem nur rund 50 Kilometer langen Kraichbach hat die ganze Region ihren Namen zu verdanken: Kraichgau, erstmals urkundlich erwähnt im Lorscher Codex aus dem Jahr 769 als »Chreigowe« oder später als »Chrehgauui«. Hier, bei Sternenfels, nimmt die namensspendende »Kraich« also ihren Anfang.

Durch das Städtchen mit seinem beeindruckenden Wasserturm geht die Reise weiter nach Oberderdingen, das mit dem Derdinger Horn und einem besonders wohlschmeckenden Trollinger mit Lemberger über die Grenzen des Kraichgaus bekannt ist. Über Flehingen kommt das Flüsschen nach Gochsheim, das Städtchen mit der atemberaubenden Kulisse des Graf-Eberstein'schen Schlosses, und es geht weiter nach Münzesheim, wo der Kraichbach ein besonders romantisches Aussehen annimmt. Die oberrheinische Tiefebene betritt er bei Ubstadt, fließt noch an Bad Schönborn und Hockenheim – das seine weltweite Bekanntheit damit begründet, dass mehr oder weniger erwachsene Herren mit einem Automobil sehr schnell im Kreis fahren – vorbei, um dann bei Ketsch in den Altrhein zu münden.

Somit wäre eine kleine Reise durch den Kraichgau beendet, jene Region, der die lokal sehr bekannte Band »KraichgauSound« eine Liebeshymne geschrieben hat: »Kraichgau bisch en scheene Ort, do geh isch nimmie fort, do bin isch dehom.«

Dies Lied zeigt, wie sehr die Leute mit ihrer ganz speziellen Mundart verwachsen sind. In den Gasthäusern der Gegend gibt es immer viel zu lachen, gerade wenn im Dialekt Geschichten erzählt werden wie die vom glücklichen Ehemann: »Letscht hot mer oiner gsagt: Seit mei Fraa un isch e handy hen, schwetze mer viel efter mitenanner.« Die Mundart des Kraichgaus setzt sich aus Pfälzer, alemannischen und schwäbischen Komponenten zusammen, und wie immer gilt für Nichtkraichgauer: zuhören und nicht versuchen, im Dialekt mitzuschwätzen.

Adresse Kraichweg, 75447 Sternenfels | **Pkw** Von Oberderdingen kommend, biegen Sie in die Maulbronner Straße Richtung Mühlacker ein. Die 1. Straße rechts ist der Kraichweg, hier bitte parkieren und dann zum Kraichsee und zur Quelle wandern. | **Tipp** Freibad Sternenfels in wunderbarer Lage gleich neben den Weinbergen, Langwiesenweg 18.

101___Das Feuerspritzenmuseum
Allzeit bereit!

»Wenn Feuer ruft die Glock' vom Turm, so eil' ins Spritzenhaus im Sturm; Verlass nicht Dorf und Tor, bis richtig läuft Pump' und Motor.« Zugegeben, von Goethe ist dieser Reim nun nicht, aber er zeigt dennoch deutlich, was in einer Dorfgemeinschaft immens wichtig ist – eine funktionierende Freiwillige Feuerwehr. Das Lob für diese Einrichtungen kann man nicht deutlich genug aussprechen. Handelt es sich doch bei den gemeinnützigen Feuerbekämpfern um Mädels und Buben, Frauen und Männer, die einen großen Teil ihrer freien Zeit dem Gemeinwohl opfern und sich, im Brandfalle, nicht unerheblichen Gefahren aussetzen, um Haus, Hof und Leben des betroffenen Gemeindemitgliedes zu retten.

Die Bereitstellung einer Feuerwehr ist eine kommunale Pflichtaufgabe, die in heutiger Zeit immer schwerer zu bewerkstelligen ist. Waren noch vor einigen Jahrzehnten die Mitglieder der Freiwilligen Feuerwehren an ihrem Heimatort auch beschäftigt, so hat sich heute die Situation vollständig geändert. In jenen Tagen waren mit Metzger, Bäcker, Schreiner, Dachdecker und anderen Handwerksbetrieben noch die Männer vor Ort, die im alltäglichen Brandfalle blitzschnell reagieren konnten. Heute fluktuiert die Berufswelt in alle Himmelsrichtungen, und über den Tag sind in den kleinen und kleinsten Ortschaften einfach nicht mehr genügend Fraumannpowerpotenziale vorhanden, wenn es mal ernst wird.

Eine der ältesten Freiwilligen Feuerwehren hat ihre Heimat ebenfalls in unserer Region – in Durlach, dem größten Stadtteil von Karlsruhe. Die deutschen Wehren nahmen sich zuerst das französische Feuerwehrwesen zum Vorbild, da in Frankreich schon in der ersten Hälfte des 19. Jahrhunderts die Feuerbekämpfung einen hohen Standard hatte. Im Feuerspritzenmuseum zu Diefenbach kann man heute dank der immensen freiwilligen Aufbauarbeit der Mitglieder der Wehr eine Feuerspritze aus dem Jahre 1808 bewundern – beeindruckend!

Adresse Mühlackerstraße 31, 75447 Sternenfels-Diefenbach | **Pkw** Aus Richtung Sternenfels kommend, liegt das Museum auf der linken Seite direkt am Feuerwehrhaus. | **Öffnungszeiten** Durch große Fenster sind Teile der Ausstellung auch von außen gut sichtbar. Führungen müssen telefonisch unter 07043/7669 oder 2119 vereinbart werden. | **Tipp** Das Denkmal für den Ur-Feuerwehrmann Christian Hengst auf dem Hengstplatz in Karlsruhe-Durlach.

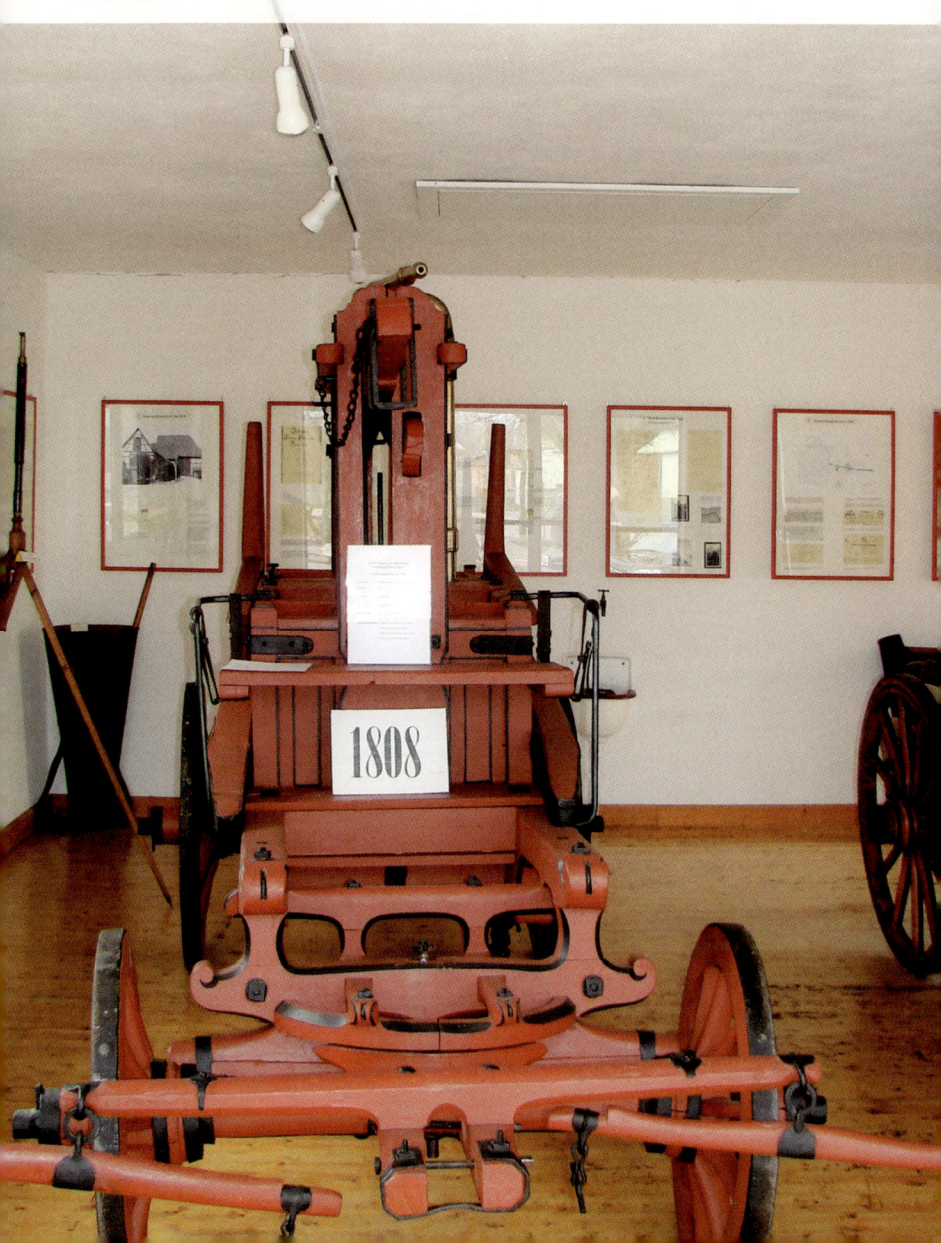

102 Die Eugen-Klöpfer-Straße
Staatsschauspieler auf der »Gottbegnadeten-Liste«

»… aber da kam ein Kerl auf die Bühne …! Eine knarrende, rostige, verrauchte Stimme, kleine, tückische, kaschubisch-wendische Augen – so die verdammte Mischung aus Germanen und Slawen, die von beiden Rassen das Schlechte und von keiner das Gute angenommen hat …« Solche und noch manch andere Schmeicheleien verteilte in einer Kritik kein Geringerer als Kurt Tucholsky an den Staatsschauspieler Eugen Klöpfer. Klöpfer, 1886 in Talheim geboren, war der Urtyp des Volksschauspielers, war der respektierte Charakterdarsteller in vielen klassischen Rollen, war »Falstaff«, »Götz von Berlichingen«, der Miller in »Kabale und Liebe«, er war der »Fuhrmann Henschel«. Er war aber auch Vorbildcharakter in so manchem Propagandafilm der Nazis, er spielte überzeugend – und somit erschreckend gefährlich – Rollen in Filmen wie »Jud Süß« oder »Jakko«. 1934 zum Staatsschauspieler ernannt, wurde Klöpfer 1935 Vizepräsident der Reichstheaterkammer. In den Jahren zwischen 1933 und 1945 machte Eugen Klöpfer keinen Hehl aus seiner Sympathie für die Nazis, ein Fehler, der nach 1945 mit einem längeren Auftrittsverbot quittiert wurde.

Klöpfer war an zwei durch die Kriegsereignisse Ende 1944 bis zum Mai 1945 nicht mehr vollendeten Ufa-Filmen beteiligt: »Der Puppenspieler« und »Shiva und die Galgenblume«. Diesen Engagements verdankte er seine Aufnahme in die »Gottbegnadeten-Liste«, jener 36 Seiten und 1.000 Namen umfassenden Liste von Künstlern, die Hitler und Goebbels im Sommer 1944 zusammenstellten. Sie führte die Künstler auf, die man für unverzichtbar in ihren Berufen hielt und die man so vor dem Fronteinsatz bewahrte.

Zugegeben, die Eugen-Klöpfer-Straße in Talheim hat nicht die touristische Anziehungskraft des Lübecker Holstentores – dennoch, laufen Sie einmal durch diese Straße und erinnern sich an einen grandiosen Volksschauspieler, der – wie viele seiner Generation – einen großen Lebensfehler begangen hat.

Adresse Eugen-Klöpfer-Straße, 74388 Talheim | **Pkw** von der Bahnhofstraße in die Schloßstraße abbiegen, von dort rechts in die Fleiner Straße, die 2. Straße rechts ist dann die Eugen-Klöpfer-Straße | **Tipp** Unternehmen Sie einen Ausflug auf dem Radweg »Am Neckar entlang«. Start ist am Rathausplatz in Talheim, die Streckenlänge ist circa 12 Kilometer.

103 __ Der Haspelturm

Die Hinrichtung des Johann Friedrich Schwan

Friedrich Schiller hat seine Erzählung »Der Verbrecher aus verlorener Ehre« 1786 geschrieben. Die Hauptperson dieses Kriminalberichtes ist der Sohn des »Sonnenwirtes« Christian Wolf, den Schiller nicht besonders vorteilhaft beschreibt: »… er hat eine kleine, unscheinbare Figur, krauses Haar von einer unangenehmen Schwärze, eine plattgedrückte Nase sowie eine geschwollene Oberlippe …« Hätte er noch hinzugefügt, dass der gute Junge unter Käsfüßen und Achselschweiß litt, wäre es kaum mehr auszuhalten gewesen.

Vorbild für den Christian Wolf war der Räuberhauptmann Johann Friedrich Schwan, hingerichtet 1760 zu Vaihingen an der Enz und, obwohl unbewiesen (manche behaupten auch fälschlicherweise), einige Zeit einsitzend im Haspelturm der Stadt. Laut des großen Dichters Schiller war Wolf/Schwan ein typisches Kind seiner Zeit. In großer Armut lebend, die Geschäfte in der Gastwirtschaft »Sonne« zu Ebersbach laufen schlecht, wird er zum Wilddieb, und natürlich wird er schnell erwischt. Die Obrigkeit tut nun das, was sie am besten kann, und sperrt das »Sonnenwirtle« für lange Zeit hinter Gitter. Damit erreicht sie aber nur, wie Schiller schreibt, das Gegenteil von Besserung. »Zehnmal schlimmer als vorher« sei der Johann Friedrich Schwan aus dem Knast wiedergekehrt. Und er sann auf Rache. Mit so illustren Zeitgenossen mit Namen wie Niederländer-Hans, Bettel-Melcher, Schwanen-Jackel oder Mosche Löw gründete er eine der gefährlichsten Räuberbanden seiner Zeit. Über etliche Jahre überfielen sie Marktfrauen auf deren Nachhauseweg, Wirtsleute in ihren Gaststätten, oder sie nahmen sich öffentliche Gebäude vor und leerten das eine um das andere Mal eine Gemeindekasse. Mehrfach verhaftet und immer wieder aus den Gefängnissen ausgebrochen, was dem Sohn des Sonnenwirtes in der Bevölkerung einen besonderen Nimbus bescherte, stirbt Schwan einen qualvollen Tod: Er wird in aller Öffentlichkeit gerädert und gevierteilt.

Adresse Grabenstraße, Ecke Turmstraße, 71665 Vaihingen/Enz | **Pkw** Von der B 10 auf der Auricher Straße in Richtung Innenstadt fahren. Nach Überquerung der Enz links in die Enzgasse einbiegen, dann wieder links abbiegen in die Gerberstraße. Diese wird zur Franckstraße, von der man links in die Grabenstraße abbiegt. | **Tipp** Sonne, Beach und Cocktails – das Vaihinger Strandleben im Sommer auf dem Marktplatz.

104 Die KZ-Gedenkstätte

Das Projekt Stoffel

Die Kriegsjahre 1943 und 1944 waren von zunehmenden Erfolgen der alliierten Streitkräfte gekennzeichnet. In der Sowjetunion siegt die Rote Armee vor Stalingrad, deutsche Truppen müssen in Tunesien kapitulieren, die Invasion in der Normandie gelingt, Paris wird befreit, und in Italien drängen amerikanische Truppen die deutschen Verbände zurück.

Unter diesen Voraussetzungen wird die Anregung von Erhard Milch, Generalfeldmarschall und Generalinspekteur der Luftwaffe, verständlich, einen »Jägerstab« zu gründen, um die Herstellung von Jagdflugzeugen voranzutreiben. An die Organisation Todt (»OT«), jene kriegswichtige Truppe, die für Großbauwerke herangezogen wurde, ging der Befehl, alles für den Aufbau einer Produktionsstätte zu tun. Da man für die geplante Flugzeugherstellung auch Arbeitskräfte brauchte, plante die »OT« dann aber zuallererst ein Lager für die zur Arbeit gepressten Menschen. So entstand das Konzentrationslager »Wiesengrund« – die heutige Gedenkstätte. Die Lagerinsassen waren aus Polen stammende Gefangene aus dem ehemaligen Lager in Radom.

Danach machte man sich an die Planung einer unterirdischen Flugzeugfabrik und gab diesem Plan den Decknamen »Projekt Stoffel«. In einer sechsgeschossigen Halle von etwa 80.000 Quadratmetern sollte speziell die Messerschmitt ME 262 gebaut werden. Doch die Kriegsereignisse des Jahres 1944 machten dem Plan schon in seiner Entstehungsphase den Garaus, über die reine Planung und über einige eilig hingestellte Fundamente kam das Projekt nicht hinaus. Das Lager »Wiesengrund« wurde zu einem »Krankenlager« umfunktioniert, die hygienischen und medizinischen Zustände dort waren katastrophal. In den nicht beheizbaren Räumen herrschten im Winter 1945 Temperaturen von unter zehn Grad, die genaue Anzahl der Toten ist nicht mehr zu ermitteln. Das Lager wurde im April 1945 von französischen Truppen befreit.

Adresse Am Fuchsloch 2, 71665 Vaihingen | **Pkw** von der B 10 aus Richtung Stuttgart rechts in die L 1125 abbiegen | **Tipp** Die Bunker der Neckar-Enz-Stellung, die sich weit über 80 Kilometer am Neckar und der Enz entlangzieht.
Infos unter www.neckar-enz-stellung.de.

105 Das Bonbon-Museum
Prima Guudsl

Was hat man nicht schon alles in Museen gestellt. Autos, Bilder und Kleiderbügel. Und nun auch noch Bonbons. Seit 2000 existiert diese besondere Sammlung, initiiert vom Bonbonhersteller Jung. Wohl nicht ganz uneigennützig, befindet sich doch im Souterrain der Ausstellungshalle ein Fabrikverkauf für allerlei Naschwerk. Dennoch, was hier auf 300 Quadratmetern zusammengetragen wurde, ist wohl in seiner Vollständigkeit zum Thema »Bonbon« kaum zu übertreffen.

Der Duden lehrt uns, dass ein Bonbon »eine zum Lutschen bestimmte Süßigkeit« ist. Das ist, mit Verlaub, dann aber doch ein bisschen wenig Definition für eine Schleckerei, die man in Österreich übrigens Zuckerl nennt. Die Erfindung der Bonbons wird wahlweise den alten Chinesen, Griechen, Arabern und immer mal wieder den nicht minder alten Römern angelastet, den Ausdruck »Bonbon«, also »Doppeltgut«, soll der französische König Heinrich IV. geprägt haben: »Bon – ah! Mmh! Bonbon!« Anfänglich war es simpler aufgelöster Zucker, den man mit den verschiedensten Fruchtsäften mischte. Bald darauf kam man auf die Idee, hustenden Mitmenschen die ihnen zugedachten Kräuter damit schmackhaft zu machen, indem man sie mit Zucker mischte und erstarren ließ, damit man sie dann lutschen konnte.

Heute gibt es Tausende Formen von – mundartlich »Guudsl« genannten – Bonbons. Verwegene Mischungen tauchen auf, von Chili-Orange- zu Wassermelone-Ingwer-Geschmack ist es nur ein kurzer Weg. Doch der Grundinhalt der Schleckerei ist meist gleich: Zucker, Glucose und Aromen. Danach ist der Phantasie der Guudslköche keine Grenze mehr gesetzt. Dies alles vermittelt das Museum in Kleinglattbach auf spielerische Art und Weise. Von der Bonbonmaschine über Bonbondosen, die Kindheitserinnerungen erwecken, wird alles gezeigt, was in der Welt der Süßigkeiten wichtig ist. Den Vogel aber schießt der originale Kaufmannsladen ab – zwar erst 100 Jahre alt, aber aus einer vollkommen anderen Zeit.

Adresse Industriestraße 9–11, 71665 Vaihingen-Kleinglattbach | **Pkw** von Vaihingen in Richtung Kleinglattbach fahren, dort von der Adenauerstraße in die Stephanstraße einbiegen, dann gleich wieder rechts in die Industriestraße | **Öffnungszeiten** Mo–Fr 9–18.30 Uhr und Sa 9–13.30 Uhr | **Tipp** Die Betriebsbesichtigung bei den Ensinger Mineral-Heilquellen, Horrheimer Straße 28–36, 71665 Vaihingen/Enz-Ensingen.

106 — Das Mausoleum Hermann Weil

Getreidehändler und Mäzen

In seinen letzten Lebensjahren wollte der alte Kaiser nichts mehr davon wissen. Es war zur dieser Zeit einfach nicht mehr opportun, einen jüdischen Berater gehabt zu haben. Dennoch bleibt die Tatsache bestehen, dass der Getreidehändler Hermann Weil um die 1910er Jahre einer der wichtigsten Ratgeber des Monarchen Wilhelm II. war. Hermann Weil stammte aus Steinsfurt in der Nähe von Sinsheim, die vielköpfige Familie war schon seit Langem mit dem Handel von Körnerfrüchten beschäftigt. Das elterliche Geschäft übernahm das älteste der Weil-Kinder, Hermann bekam Aufgaben im Ausland zugewiesen, speziell seine Aktivitäten in Argentinien waren von Erfolg gekrönt. Doch in Südamerika verschlechterte sich die Gesundheit Weils, eine Rückkehr nach Deutschland war unumgänglich. Mit seiner Familie ließ er sich in Frankfurt am Main nieder. Die Stadt sollte der Mittelpunkt für den in Buenos Aires geborenen Sohn Lucio Felix José Weil werden. Dieser studierte ab 1919 in Tübingen und wurde kurz vor seiner Promotion wegen revolutionärer Agitation aus Württemberg ausgewiesen. Die einzige Stadt, in der er noch weiter an seiner Doktorarbeit arbeiten konnte, war das liberale Frankfurt. Nach seinem Abschluss war Felix kurzzeitig in Thüringen zu finden und gründete dort mit einigen namhaften Marxisten wie Georg Lukács und Friedrich Pollock die »Erste marxistische Arbeitswoche« – diese Gründung war auch die Grundsteinlegung für das Frankfurter Institut für Sozialforschung. Felix konnte seinen Vater Hermann von der Notwendigkeit dieses Instituts überzeugen, und dieser gestattete ihm, den Hauptteil seines Erbes für diese »Frankfurter Schule« einzusetzen. Auch in seiner Heimatgemeinde Steinsfurt und in Waibstadt, auf dessen jüdischem Friedhof traditionell die Familiengrabstätte liegt, war Hermann Weil als Mäzen tätig – das Mausoleum erinnert an ihn und seine Frau Rosa.

Adresse Dr.-Weil-Weg, 74915 Waibstadt | **Pkw** Von der B 292 aus Richtung Sinsheim die 1. Einfahrt links (Hauptstraße) nehmen, dieser folgen und dann rechts in die Pfarrstraße einbiegen. Die Verlängerung ist der Dr.-Weil-Weg, an dessen Ende – nur zu Fuß erreichbar – das Mausoleum liegt. | **Tipp** Mit dem Fahrrad einmal die »Brunnentour« von Waibstadt über Neidenstein, Untergimpern und andere abfahren.

107 Das Römerhaus

Audias fabulas veteres sermonesque maiorum!

Der Neckar war um das Jahr 100 nach Christus zwischen dem Odenwaldlimes und dem Alblimes ein Teilstück der Grenze des Imperium Romanum. Anhand von Ausgrabungen ist belegbar, dass in Bad Wimpfen, Böckingen (dem größten und ältesten Stadtteil von Heilbronn), Benningen, Bad Cannstatt, Köngen und eben in Walheim römische Großkastelle mit um die 500 Mann Besatzung gestanden haben müssen. Das Zusammenleben der damaligen Walheimer mit den römischen Besatzern kann man sich, nach anfänglichen und nachvollziehbaren Animositäten, als praktisches und funktionierendes Gemeinwesen vorstellen. Um es höflich auszudrücken: Römer waren zivilisatorisch den Germanen eine gewisse Wegstrecke vorausgegangen. So vermittelte die römische Lebensweise auch den Bewohnern der Neckarregion eine gewisse Disziplin und Ordnung. Römische Handwerker und auch die Beamten der Verwaltung Roms setzen Zeichen in dem von einfacheren Strukturen durchzogenen Lebensstil der Urbevölkerung. Den Menschen ging es unter den Römern auf jeden Fall nicht schlechter als früher. Die Selbstversorgung mit Lebensmitteln, Kleidung und Waffen wurde koordiniert, ein Handel mit diesen Gütern wurde ebenso aufgebaut wie eine funktionierende Verwaltung.

Das Museum »Römerhaus Walheim« ist eine Zweigstelle des Archäologischen Landesmuseums Baden-Württemberg. Über der Ruine eines römischen Streifenhauses wurde ein Gebäudekomplex, das sogenannte Schutzhaus, errichtet. Ausgestattet mit Infotafeln und anderen didaktischen Mitteln, die das Leben in jenen Tagen veranschaulichen, gibt es im Museum auch viele Fundstücke direkt aus Walheim zu bewundern. Von den einfachsten Dingen des alltäglichen Gebrauchs bis hin zu einer Jupitergigantensäule – alles ist im Römerhaus zu sehen. Der lateinische Satz in der Überschrift stammt von Plinius dem Jüngeren und könnte als Motto für das Museum dienen: »Höre uralte Geschichten und Erzählungen aus Urväterzeiten!«

Adresse Römerstraße 16, 74399 Walheim | **Pkw** von der B 27 der Beschilderung folgen | **Öffnungszeiten** April−Okt. Sa 14−18 Uhr, So, Feiertage 10−18 Uhr | **Tipp** Das Museum Charlotte Zander im Schloss Bönnigheim, Hauptstraße 15, 74357 Bönnigheim, geöffnet Di−Sa 11−15 Uhr, So, Feiertage 11−16 Uhr. Kennen Sie Friedrich Schröder-Sonnenstern oder Anselme Boix-Vives? Nein? Dann lernen Sie die Herren bei Charlotte Zander kennen.

108_ Am Bahnhof

Die Wagner-Bürckel-Aktion

Es ist früh am Morgen an diesem 22. Oktober 1940, einem Dienstag.

Alle »transportfähigen Volljuden«, so die nationalsozialistische Bürokratie in einem Merkblatt, das in seiner Ausdrucksweise an Zynismus kaum zu überbieten ist, sollen in ihren Wohnungen verhaftet und deportiert werden. Dies betraf für unsere Region den Landkreis Bruchsal, Stadt und Landkreis Karlsruhe, Landkreis und Stadt Pforzheim, den Landkreis Sinsheim und Teile des Landkreises Heidelberg. Die Menschen wurden an diesem Tag vor den Augen ihrer Nachbarn aus den Wohnungen geholt und zu den nächstgelegenen Bahnhöfen gebracht. Vier Tage und drei Nächte dauerte die Tortur in den völlig überfüllten Waggons, bis man den Zielbahnhof in Gurs am Rande der Pyrenäen erreichte. Dort erwarteten die Deportierten nur katastrophale hygienische Verhältnisse, Hunger und Tod.

Dies alles geschah im Namen der beiden NS-Gauleiter Robert Wagner und Joseph Bürckel. Wagner war der Leiter des Gaues Baden, Bürckel der des Gaues Saarpfalz. Beide hatten am 2. August 1940 von Hitler direkt den Befehl erhalten, ihre Gaue schnellstmöglich »judenfrei« zu bekommen. Und so lief die »Wagner-Bürckel-Aktion« Ende Oktober 1940 an. In den 137 betroffenen Gemeinden der einzelnen Gaue mussten die Festgenommenen binnen einer Stunde packen und reisefertig auf den Straßen stehen. Jeder durfte maximal 50 Kilogramm Gepäck dabeihaben, dazu eine Decke, etwas Geschirr und Lebensmittel für mehrere Tage. Erlaubt waren außerdem nur noch ein Barbetrag von 100 Reichsmark und die Ausweispapiere. Dann wurden alle verladen und auf eine Reise von über 1.000 Kilometern nach Gurs geschickt – viele, vor allem ältere Menschen, starben schon auf dem Transport.

»Gurs« steht für eine der unmenschlichsten Aktionen in der NS-Zeit. Viele Mahnmale, Gedenksteine und Informationstafeln in der Region erinnern daran.

Adresse 75045 Walzbachtal-Jöhlingen | **ÖPNV** S 4 des HNV, Haltestelle Jöhlingen West, von dort zu Fuß über den Bahnübergang Richtung Friedhof | **Pkw** von der B 293 der Ausschilderung Friedhof folgen, dann über die Ladestraße zur Mörikestraße laufen | **Tipp** Der »Pädagogische Erlebnispfad« auf dem Waldspielplatz Fraueneich in Walzbachtal. Nicht nur Hüpfburg und Sandkasten, sondern ein Erlebnisspielplatz rund um Wald und Natur.

109_ Der Minnesänger von Wissenlo

Das Prinzip Dame, Ritter, Wächter

Vom Minnesänger von Wissenlo ist wenig Privates – wie bei den meisten Kollegen seiner Berufsgruppe – bekannt. Er entstammt wohl einem edelfreien Adelsgeschlecht, das in Wiesloch seit Jahrhunderten ansässig war. Die Edelfreien waren eine Art Hochadel, man war niemandem untergeordnet, der Einzige, dem man folgte, war der jeweilige machtführende Kaiser. Erhalten sind von dem Minnesänger aus Wiesloch nur einige sogenannte Tagelieder, also lyrische Dialoge mit einem Refrain, der für mittelalterliche Ohren wohl äußerst hipp und somit auch sehr populär war. In den Tageliedern geht es um (verbotenes) Liebesglück und die Trennung nach erfüllter Nacht – alles lyrisch-musikalische Tatumstände, die sich gut 900 Jahre später in der ZDF-Hitparade wiederholen. Das Grundprinzip ist gleich geblieben. Es geht um die Dame und ihren Ritter, dazu kommt noch, ob nun Wächter oder Gehörnter, jeweils ein Dritter hinzu, und fertig ist die Melange. Große Namen finden sich unter den Minnesängern: Heinrich von Morungen, Walther von der Vogelweide, Wolfram von Eschenbach oder Oskar von Wolkenstein. Aber auch der Kraichgau kann mit berühmten Barden mithalten. Außer unserem Wieslocher sind da noch der Bligger von Steinach, Bernger von Horheim und Reinmar von Zweter zu nennen. Herr von Zweter, dessen Herkunft natürlich ebenfalls im Dunkeln liegt, ist der Theorie nach in Zeutern geboren, heute ein Stadtteil von Ubstadt-Weiher. Die Vorbilder unserer Minnesänger waren die nordfranzösischen Troubadoure mit ihrem unverfälschten Sprachduktus, Leute, denen man gerne zuhörte und bei deren Geschichten es sich gut träumen ließ. Ihre Musik ist auch heute noch in Teilen überliefert, anders als beim Minnegesang. Hier gelten weite Teile der Melodien als verschollen, sodass heutige Sänger, wenn sie von Wissenlos Texte spielen wollen, die Melodien nachkomponieren müssen.

Adresse Pfarrstraße/Ecke Marktstraße, 69168 Wiesloch | **Pkw** Von der B 3 über die Walldorfer Straße. Am Kreisel in die Schwetzinger Straße fahren, an deren Ende links in die Hauptstraße. Dann laufen Sie durch die Fußgängerzone zur Marktstraße mit der Skulptur des Herrn von Wissenlo. | **Tipp** Bronner'sches Gartenhaus auf dem Gelände des Psychiatrischen Zentrums Nordbaden, Heidelberger Straße 1a. Das Gartenhaus hat unregelmäßige Öffnungszeiten. Infos bei Frau Hirn, Tel. 06222/81935.

110__ Der Gerichtstisch

Sind Sie aus Mörderhausen?

Gerichtstische gehören in die Kategorie der Rechtsaltertümer, genauso wie Gebots- oder Grenzsteine. Meist nahm man als Baumaterial für die steinernen Tische und Bänke das, was man gerade vor Ort vorfand – Buntsandstein oder Granit. Die Tische mussten sein, denn Gericht hielt man draußen, unter den Gerichtseichen oder Gerichtslinden, und man benötigte eine feste Unterlage, um den Gerichtsverlauf protokollieren zu können.

Die sogenannten Zentgerichte waren Tribunale für zivile Streitigkeiten. Der Zentgraf kam zu den Verhandlungen in seiner Amtstracht. Er trug Rock, Halskragen und Handschuhe und hielt zum Zeichen seiner Amtswürde einen Gerichtsstab in seinen Händen. Neben ihm nahmen auf den steinernen Bänken die Schöffen sowie der Gerichtsschreiber Platz. Wie der Zentgraf selber mussten sie gut beleumundet und ehelich geboren sein. Vor einer der Gerichtssitzungen läuteten feierlich die Kirchenglocken, und das Hohe Gericht schritt gravitätisch zum Gerichtstisch. In dieser großen Besetzung wurden meist nur Tötungsdelikte, Raub, Notzucht (ganz genau nahm man es da speziell beim Delikt »Homosexualität«), Hexerei und Kindesmord verhandelt. Den Zentgerichten oblag die »ius gladii«, das Recht des Schwertes, also die Blutgerichtsbarkeit. Je nach Verbrechen gab es einen eigenen Katalog der Hochgerichtsbarkeit. So wurden Kindesmörder ertränkt, für Notzucht wurde der Feuertod angewandt, und Rädern gab es für Mord. Es gab auch Straftaten, die durch Verstümmelungen gesühnt werden sollten. Sehr beliebt war dabei das Abschneiden von Ohren, Nase oder Zunge, gern stellte man Delinquenten auch tagelang an den Pranger. 1530 reformierte Karl V. die Blutgerichtsbarkeit durch die »Constitutio Criminalis Carolina«, eine wirkliche Verbesserung für die Angeklagten kam dadurch aber kaum zustande. Der Gerichtstisch von Leonbronn soll einst in dem untergegangenen nahen Dorf Mörderhausen gestanden haben – Legende?

Adresse Kirchgasse, 74374 Zaberfeld-Leonbronn | **Pkw** von Sternenfels in Richtung Zaberfeld fahren, in der Ortsmitte an der abknickenden Vorfahrt scharf links in die Kirchgasse einbiegen | **Tipp** Barrierefreier Wander- und Rollstuhlweg rund um den Stausee Ehmetsklinge. Und an heißen Tagen ist der See eine tolle Bademöglichkeit.

111 — Die Kaiserlinde

Dreimal Hurra und ein Rostbraten

Kaiserlinden waren Ende des 19. Jahrhunderts schwer en vogue. Wie viele Linden im Drei-Kaiser-Jahr 1888 in deutschen Landen gepflanzt wurden, ist nicht mehr festzustellen – in jedem Fall gehört die Zaisenhausener Linde mit dazu.

1888 war für die regierenden Hohenzollern ein dramatisches Jahr. Im März dieses Jahres starb Kaiser Wilhelm I. im gesegneten Alter von 90 Jahren. Sein Sohn als Nachfolger, Friedrich III., konnte nur 99 Tage regieren – er verstarb am 15. Juni im Alter von nur 56 Jahren infolge einer Kehlkopfkrebserkrankung. Kaiser Nummero drei wurde dann im Sommer 1888 Friedrichs Sohn Wilhelm II. Dieser zweite Wilhelm war es nun, dem die unzähligen Kaiserlinden gewidmet wurden. Es war die Blütezeit des Kaisertums, die Zeit eines aus heutiger Sicht nicht unverdächtigen »Hurra«-Patriotismus.

Und Wilhelm genoss! Der dem höfischen Prunke nicht abgeneigte Kaiser hörte immer gern, wenn ihm die eine oder andere Stadt, das eine oder andere Dorf mal wieder eine Linde gestiftet hatte. Warum gerade eine Linde? Nun, man stiftete dem Kaiser ab und an auch mal eine deutsche Eiche, doch Linden waren für die weitere Verwendung einfach praktischer. Mit ihren langen Verästelungen und ihren mächtigen Kronen waren sie robuste Schattenspender und hielten auch bei sommerlichen Gewitterschauern einigermaßen dicht. Das machte diesen Baum schon zu Urzeiten zur Gerichtslinde, und zu Kaisers Zeiten wurde der »Tanz unter der Linde« sehr populär.

Die Kaiserlinde zu Zaisenhausen gehört nun einmal zu einer Hauptstadt. Hauptstadt? Ja! Zaisenhausen ist Hauptstadt – die »Rostbratenhauptstadt«! Ein rühriger Verein hat sich 2002 gegründet und kümmert sich liebevoll um die alte Tradition der Rostbratenzubereitung ... Man nehme ein gutes Stück Rinderhüfte, schön marmoriert und durchwachsen, brate es auf dem Rost, Zwiebeln dazu und mit Spätzle serviert ... Also, wir gehen jetzt was essen!

Adresse 75059 Zaisenhausen | **Pkw** von der B 293 aus Richtung Flehingen kommend rechts in die Hauptstraße von Zaisenhausen abfahren, rechts in die Brunnenstraße und dann links in die Bahnhofstraße einbiegen | **Tipp** Wie gesagt, Zaisenhausen ist die selbst ernannte »Rostbratenhauptstadt« mit eigenem Rostbratenfest. Alle Infos unter www.rostbratenverein-zaisenhausen.de.

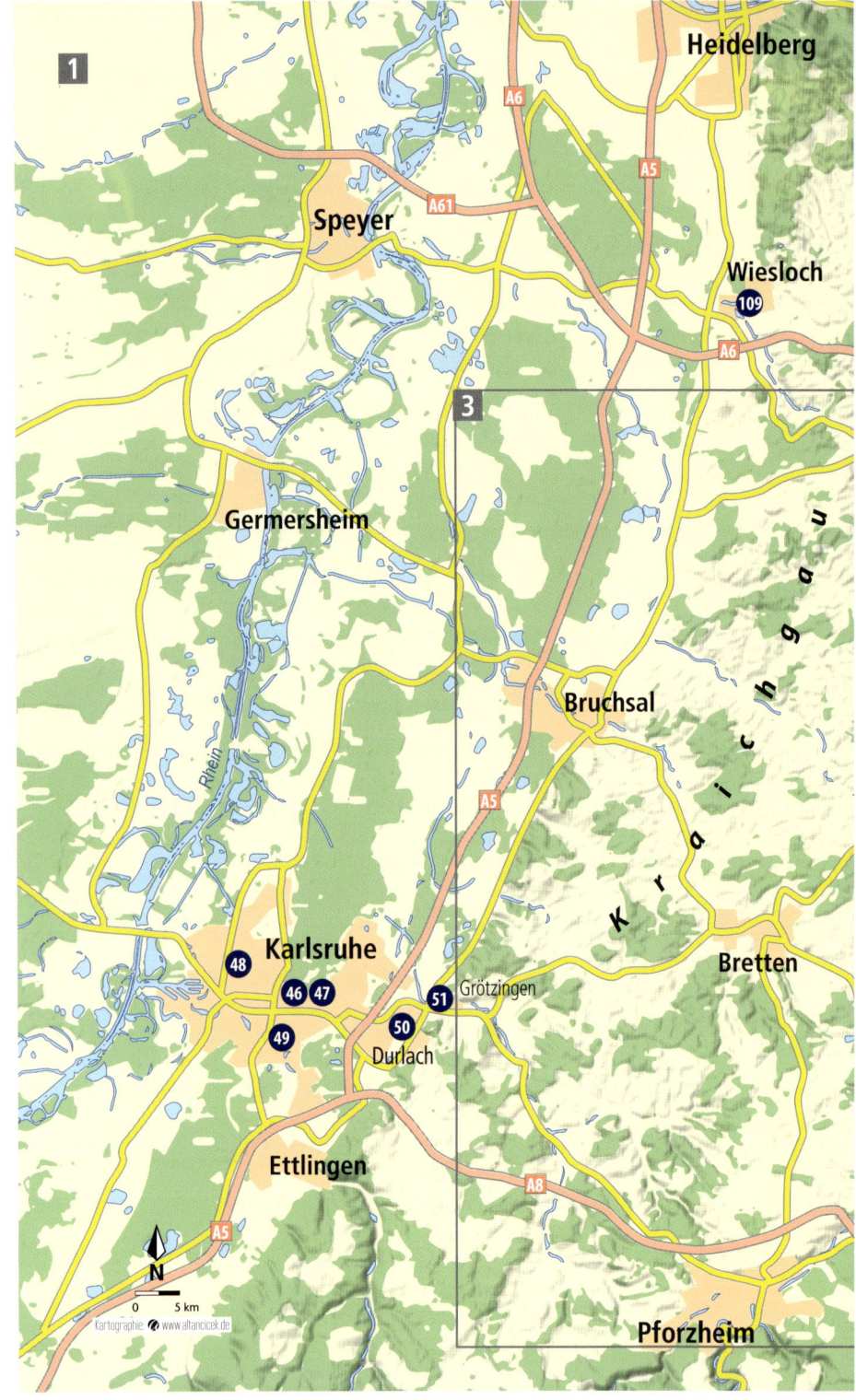

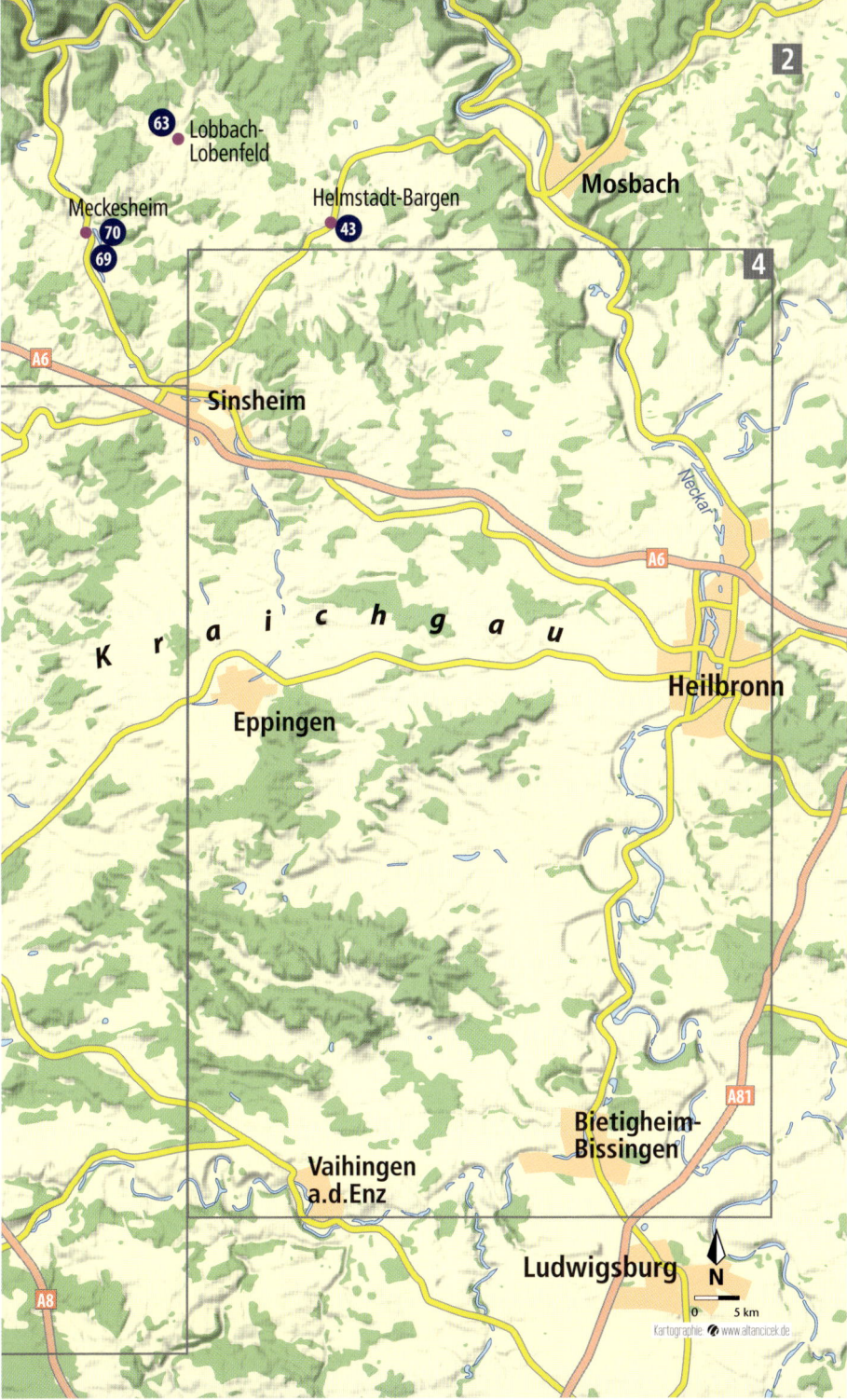

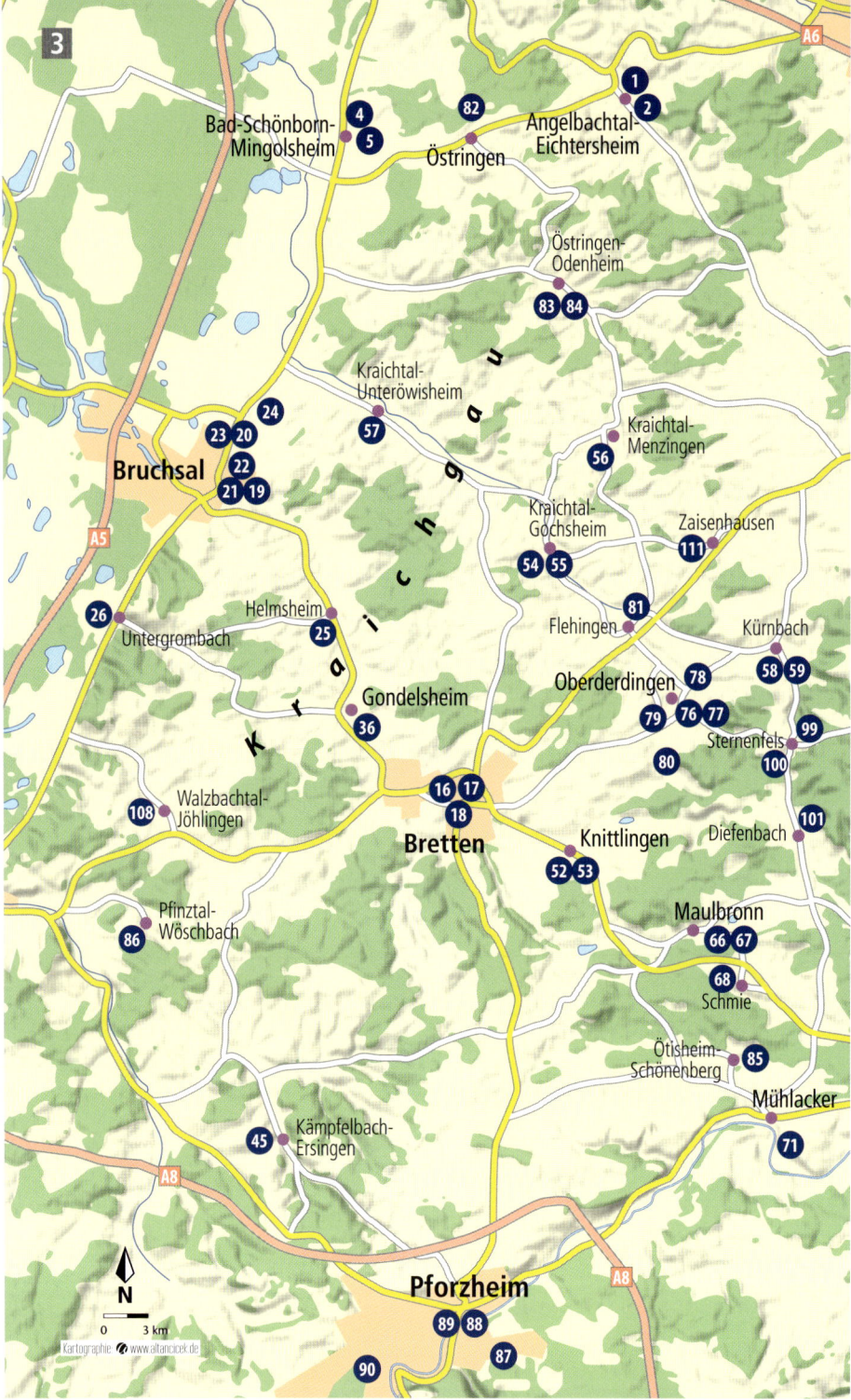

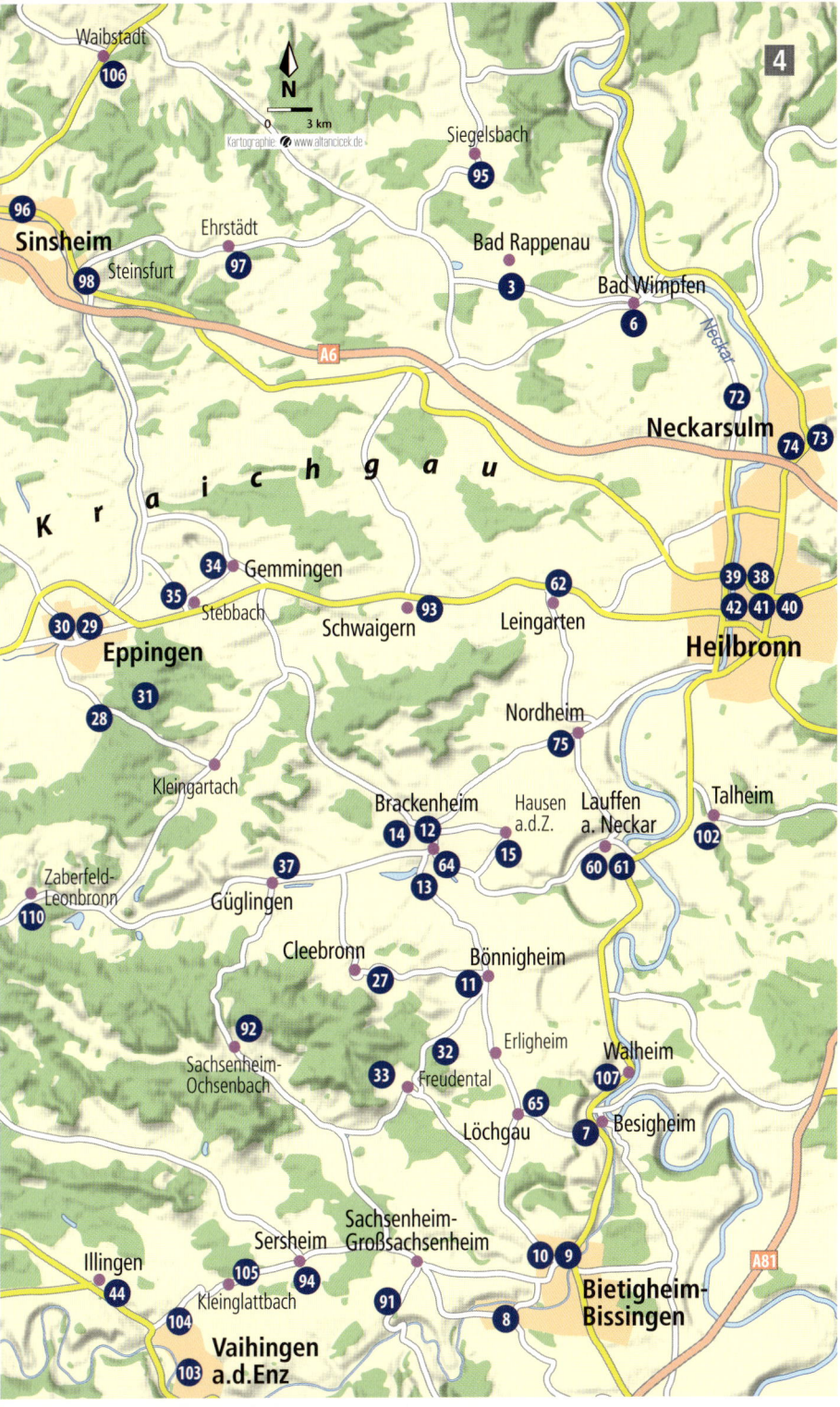

Rüdiger Liedtke
111 Orte auf Mallorca, die man gesehen haben muss
ISBN 978-3-89705-975-7

Susanne Thiel
111 Orte in Madrid, die man gesehen haben muss
ISBN 978-3-95451-118-1

Ralf Nestmeyer
111 Orte in der Provence, die man gesehen haben muss
ISBN 978-3-95451-094-8

Peter Eickhoff
111 Orte in Wien, die man gesehen haben muss
ISBN 978-3-89705-969-6

Stefan Spath
111 Orte in Salzburg, die man gesehen haben muss
ISBN 978-3-95451-114-3

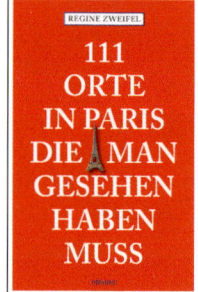

Regine Zweifel
111 Orte in Paris, die man gesehen haben muss
ISBN 978-3-89705-823-1

Dirk Engelhardt
111 in Barcelona, die man gesehen haben muss
ISBN 978-3-95451-066-5

John Sykes
111 Orte in London, die man gesehen haben muss
ISBN 978-3-95451-117-4

Annett Klingner
111 Orte in Rom, die man gesehen haben muss
ISBN 978-3-95451-219-5

Thomas Fuchs
111 Orte in Amsterdam, die
man gesehen haben muss
ISBN 978-3-95451-209-6

Stefan Spath / Gerald Polzer
111 Orte im Salzkammer-
gut, die man gesehen
haben muss
ISBN 978-3-95451-231-7

Gerd Wolfgang Sievers
111 Orte im Burgenland, die
man gesehen haben muss
ISBN 978-3-95451-229-4

Lucia Jay von Seldeneck,
Carolin Huder, Verena Eidel
111 Orte in Berlin, die
man gesehen haben muss
ISBN 978-3-89705-853-8

Lucia Jay von Seldeneck,
Carolin Huder, Verena Eidel
111 Orte in Berlin, die man
gesehen haben muss, Band 2
ISBN 978-3-95451-207-2

Bernd Imgrund
111 Kölner Orte, die man
gesehen haben muss
Band 1
ISBN 978-3-89705-618-3

Rüdiger Liedtke
111 Orte in München, die
man gesehen haben muss
ISBN 978-3-89705-892-7

Cornelia Kuhnert
111 Orte in Hannover, die
man gesehen haben muss
ISBN 978-3-95451-086-3

Rike Wolf
111 Orte in Hamburg, die
man gesehen haben muss
ISBN 978-3-89705-916-0

Daniela Bianca Gierok
und Ralf H. Dorweiler
**111 Orte im Schwarzwald, die
man gesehen haben muss**
ISBN 978-3-89705-950-4

Barbara Goerlich
**111 Orte auf der Schwäbischen
Alb, die man gesehen haben
muss**
ISBN 978-3-89705-948-1

Lucia Jay von Seldeneck,
Carolin Huder, Verena Eidel
**111 Orte in Berlin,
die Geschichte erzählen**
ISBN 978-3-95451-039-9

Stefanie Jung
**111 Orte in Mainz, die man
gesehen haben muss**
ISBN 978-3-95451-041-2

Gabriele Kalmbach
**111 Orte in Stuttgart, die
man gesehen haben muss**
ISBN 978-3-95451-004-7

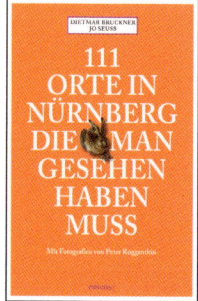

Dietmar Bruckner, Jo Seuß
**111 Orte in Nürnberg, die
man gesehen haben muss**
ISBN 978-3-95451-042-9

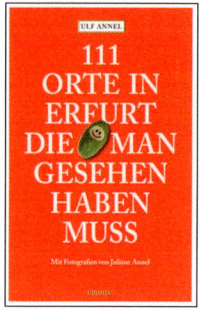

Ulf Annel
**111 Orte in Erfurt, die
man gesehen haben muss**
ISBN 978-3-95451-022-1

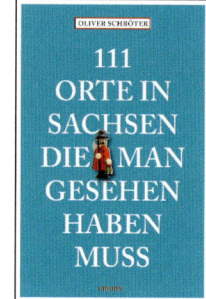

Oliver Schröter
**111 Orte in Sachsen, die
man gesehen haben muss**
ISBN 978-3-95451-021-4

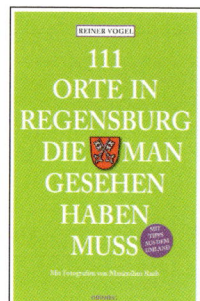

Reiner Vogel
**111 Orte in Regensburg, die
man gesehen haben muss**
ISBN 978-3-95451-054-2